KB269189

동북아 바다, 인문학으로 항해하다

동북아 바다, 인문학으로 항해하다

동북아 바다, 인문학으로 항해하다

부경대학교 해역인문학 시민강좌 총서 02

초판 1쇄 발행 2020년 5월 20일

지은이 서광덕 외
펴낸이 강수걸
편집장 권경옥
편집 박정은 강나래 윤은미
디자인 권문경 조은비
펴낸곳 산지니
등록 2005년 2월 7일 제333-3370000251002005000001호
주소 부산시 해운대구 수영강변대로 140 BCC 613호
전화 051-504-7070 | 팩스 051-507-7543
홈페이지 www.sanzinibook.com
전자우편 sanzini@sanzinibook.com
블로그 http://sanzinibook.tistory.com

ISBN 978-89-6545-656-8 03900

* 책값은 뒤표지에 있습니다.
* 이 책은 2017년 대한민국 교육부와 한국연구재단의 지원을 받아 수행된 연구임.
(NRF-2017S1A6A 3A01079869)
* 이 도서의 국립중앙도서관 출판예정도서목록(CIP)은 서지정보유통지원시스템
홈페이지(http://seoji.nl.go.kr)와 국가자료공동목록시스템(http://www.nl.go.kr/
kolisnet)에서 이용하실 수 있습니다. (CIP 제어번호: CIP2020017668)

동북아 바다,
인문학으로 항해하다

부경대학교 인문한국플러스 사업단

산지니

이 책은 부경대학교 인문한국플러스(HK+)사업단의 참여연구원 13명이 2019년 1월부터 12월까지 1년에 걸쳐 『국제신문』에 연재한 '동북아 바다, 인문학으로 항해하다'를 바탕으로 엮은 것이다. 연재는 2018년 부경대학교 사학과 집필진에 의한 '해양문화의 명장면'에 이어 다시 한 번 바다와 인문학이 만나 이루어진 것으로 해양수도 부산에 위치하는 대학과 언론이 손을 잡았을 때만 성사될 수 있는 특색 있고 뜻깊은 시도였다고 할 수 있다.

부경대학교 인문사회과학연구소와 해양인문학연구소로 구성된 부경대학교 HK+사업단은 2017년 한국연구재단 HK+사업에 선정되어 '동북아해역과 인문네트워크의 역동성 연구'라는 어젠다를 추진 중이다. 이 어젠다는 근현대 동북아해역에서 일어난 지식, 사람, 문화의 교류 양상과 그 기반을 연구하는 것으로 기존에 우리가 가지고 있었던 육지 중심의 사고를 상대화하고 해역이라는 새로운 시각에서 인문 현상을 바라본다는 의미가 있다. HK+사업의 특징 중 하나는 세계적 수준의 인문학 연구소 육성과 더불어 인문학의 사회적 확산을 도모한다는 것이다. '동북아 바다, 인문학으로 항해하다' 연재는 바로 이러한 취지에서 이루어졌고 이번 단행본 발간으로 이어지면서 대학 등 교육현장이나 시민강좌를 통해 해역인문학을 보다 널리 알리는 계기가 될 것이라고 생각한다.

『동북아 바다, 인문학으로 항해하다』는 부경대 HK+사업단 공동연구원이 다양한 관점에서 동북아, 해역, 교류네트워크라는 키워드를 최대한 재미있고 알기 쉽게 풀어나간 결과물이다. 크게는 동북아해역의 지식네트워크를 분석하는 '지(知)' 영역, 동북아해역에 있어서의 민간이주와 문화변용을 분석하는 '민(民)' 영역, 그리고 지식, 사람, 문화의 교류를 가능케 해줬던 해역교류의 기반을 검토하는 '사(史)' 영역에 해당하는 내용들인데 집필진 모두 각자의 이야기를 나름의 의미와 색깔로 풀어냈다. 책의 내용을 조금 더 구체적으로 소개하면 다음과 같다.

우선 1장에서는 동북아해역에 있어서 인문네트워크의 시작을 알린 개항과 그 이전의 '접촉'에 대하여 살펴보는데 이를 통해 근대의 시작이 동북아해역 인문네트워크의 시작이기도 했다는 사실을 상기한다. 그리고 2장에서는 이 인문네트워크를 가장 먼저 활용하고 더욱 촘촘하게 만들어 간 동북아해역의 지식인에 관한 이야기를 소개하며 근대 동북아해역의 지식인 네트워크는 상상 이상으로 역동적인 것이었음을 전한다. 물론 동북아해역의 인문네트워크는 지식인에 의해서만 이루어졌던 것은 아니다. 가족과 개인의 소박한 꿈을 안고 타지에 정착한 사람들의 이야기도 있다. 3장에서는 이들 동북아해역의 디아스포라에 관한 다양한 에피소드를 묶었다.

어떠한 형태로든 사람이 이동하면 문화 또한 이동하기 마련이다. 4장에서 다루는 동북아해역을 오고 간 언어, 음식, 놀이문화 등에 관한 이야기는 우리의 삶과 동북아해역 인문네트워크가 떼려야 뗄 수 없는 관계임을 보여 준다. 한편, 동북아해역의 인문네트워크를 생각할 때 잊어서는 안 되는 요소 중 하나가 동북아해역이라는 물리적인 공간임을 강조한다. 5장에서는 동북아의 대표적 해역도시인 상하이와 해역의 경계를 결정짓는 섬에 대한 개성 있는 이야기를 풀어나간다. 그리고 마지막으로 부산이다. 부경대 HK+사업단의 어젠다는 근현대 동북아해역 인문네트워크의 중심인 부산에서 이루어지기 때문에 의미가 크다. 이러한 의미에서 6장의 글들은 해양도시 부산의 현재와 미래에 어떠한 형태로든 시사점을 줄 수 있는 내용으로 채울 수 있어서 다행이다.

이 책은 『국제신문』의 인문학과 바다에 대한 관심이 없었다면 시작하기 힘들었을 것이다. 특히 조봉권 기자의 열정과 배려에 고마운 마음을 전하고 싶다. 그리고 마지막으로 많은 필자와 다양한 주제로 인해 책의 구성을 논의하는 단계부터 편집까지 고생하신 산지니 출판사의 강수걸 대표님과 강나래 편집자에게도 깊이 감사드린다.

부경대학교 인문한국플러스사업단 단장

손동주

1장
개항, 동북아해역
인문네트워크의 시작

서양 상인들이 연
동아시아 근대

해상교역과 근대국가

나가사키현 히라도(平戸)섬에는 복원된 네덜란드 상관(商館) 건물과 상인 거류지가 있다. 이 조용하면서도 작은 포구는 17세기 네덜란드를 비롯해 스페인, 영국 상인이 드나들며 교역했던 국제무역도시였다.

그런데 그 시기 전부터 동북아해역에는 이미 해상무역을 해왔던 동아시아인들 곧 '왜구'라고 불렸던 이들이 있었다. 이들이 서양 상인들과 교역했을 모습을 상상해보면, 동서양의 만남은 실크로드를 통한 교역에 이어 다시 동아시아 해상에서 이루어졌다는 자명한 사실이 새삼스럽다. 당시 동아시아 각 왕조가 바다에서 교역하는 행위를 불법으로 간주했기 때문에 '왜구'라는 명칭이 붙은 것은 잘 알려진 사실이다.

18세기 들어 동북아해역에서 서양과 동아시아 상인들 간의 무역이 정부가 인정하는 항구에서 전개되기 시작했는데, 청나라는

동북아 바다, 인문학으로 항해하다

광저우(廣州)였고 에도막부는 나가사키(長崎)였다. 동아시아 근대의 시작을 알린 사건으로 평가받는 아편전쟁은 실제로는 이미 활발하게 이루어지고 있던 이러한 상인들 간의 교역에 마찰이 일어나면서 발생한 것이다. 이 침략과 전쟁을 주도한 세력은 영국 의회와 해군이었지만, 이들을 움직인 것은 바로 자국민, 그 가운데 영국 상인들이었다. 중국에서 자신들의 이익이 보호받지 못하는 상황에 직면하자 이를 영국 의회에 건의하고 해군을 파병하게 한 것이다. 이후 체결된 난징조약은 결국 자국 상인들과 국가의 이익을 획득하기 위한 발판을 마련하는 데 목적이 있었다. 어쩌면 동아시아에서 근대는 바로 해상교역을 주도한 상인들 그리고 그들을 비호하는 국가의 무력에 의해 펼쳐졌다고 할 수 있다.

상인들이 개척한 동북아 바닷길

동인도회사의 무역 독점이 무너지고 지방 무역상인들이 대거 등장함으로써 동북아해역의 교역장 확대에 대한 서양 상인의 요구는 한층 강해졌다. 동아시아 국가의 개항은 바로 이러한 요구에 따른 것이다. 자유로운 무역을 바라는 서양 상인들은 동북아해역에서 더 많은 시장을 개척하러 먼 바다를 건너왔고, 토착민의 반발로 걸림돌이 생기면 서양의 근대국가가 해군을 중심으로 한 군사력을 바탕으로 이를 제압했다. 이후 불평등조약을 맺으며 자유롭고 공정해야 할 무역이 불평등하고 폭력적인 형태로 전환하고, 이런 조약을 계기로 해안 지역에 개항장이 생기면서 동아시아에서는 다수의 항구도시가 형성됐다.

조선의 부산, 인천, 원산, 군산 등과 중국의 광저우(廣州), 상하이

개항, 동북아해역 인문네트워크의 시작

1890년대 중국 상하이 와이탄 전경, 출처 중국 위키피디아
1928년 상하이 와이탄

(上海), 취안저우(泉州), 샤먼(夏門), 닝보(寧波), 그리고 일본의 가나가와(神奈川), 요코하마(橫濱)와 나가사키, 하코다테(函館) 등은 개항을 계기로 형성된 항구도시들이다. 이 항구도시는 전통과 서구가 공존하는 특이한 장소로서 동아시아 근대의 표본이 됐다. 이곳은 서구 상인의 무역을 위한 부대시설이 마련된 개항장 일대를 중심으로 한 곳과 그 지역의 상인을 비롯한 원주민이 사는 곳 등으로 구성됐다.

서양 상인들은 동북아해역 항구도시들을 점으로 연결하면서 교역했는데, 그들에게 배와 항로 그리고 항만 시설은 필수적이었다. 일찍이 서양 상선이나 군함은 동북아해역으로 향하는 원양항로를 개척했고, 동북아해역 내부의 항로 또한 열었다. 유럽과 동북아를 잇는 원양항로와 그 지선인 동북아 항로는 많은 사람과 물자를 실어 날랐고, 배는 범선에서 기선으로 발전했으며, 개항장에는 이러한 배를 접안할 수 있는 항만시설도 갖추었다.

이런 가운데 서양과 동아시아를 잇는 정기항로가 우편선을 시작으로 개설됐다. 1850년 영국 P&O 기선(汽船·Pennisular & Oriental Steam Navigation Co.)이 상하이~홍콩 간 정기항로를 개설해 기존 런던~홍콩 간 연락망을 상하이까지 연장하고, 1859년 일본의 개항과 함께 상하이와 나가사키에 취항했으며, 1864년 상하이와 요코하마 간에 정기항로도 개설했다. 1861년에는 프랑스제국우선(郵船·Services Maritimes des Messageries Imperiale)이 사이공~상하이 간, 1863년 마르세유~상하이 간 정기항로를 개설하여 동남아시아와 유럽 대륙을 상하이로 직접 연결했다. 1865년에는 상하이~요코하마 간 정기항로를 개설해 종래 상하이 마르세유선과 연결했다. 1867년에는 미국의 태평양우선(郵船·Pacific Mail Steamship Co.)이 샌프란시스코~홍콩 간 항로를 개설하고 이 안에 요코하마와 상하이

개항, 동북아해역 인문네트워크의 시작

등을 기항지로 설정했으며, 샌프란시스코~홍콩 간 항로 개설과 함께 요코하마~상하이 간을 지선으로 설치했다.

서양 상인이 설립한 양행(洋行)들이 직접 해운 사업에 나서기도 했다. 1883년 8월 이화양행(Jardine, Matheson & Co,Ltd.)이 상하이~부산~인천~나가사키 간 정기항로를 개설하여 매달 2회 운항했으며, 이화양행 외에도 청국의 윤선초상국(輪船招商局)과 독일의 세창양행이 상하이~인천 간 정기항로를 개설했다. 1876년 조선이 부산의 초량을 개항하면서 11월부터 미쓰비시(三菱) 기선회사가 나가사키~고토(五島)~쓰시마~부산의 우편선로를 매월 정기 운항했다. 다양한 정기항로를 바탕으로 서양 상인들은 동북아해역의 여러 항구에 지사를 두고 무역을 전개했으며, 이를 위해 여러 곳에 상관을 설치하고, 또 가까운 곳에 거류지를 형성했던 것이다.

동북아해역의 조계네트워크

서양 상인들은 여러 개항지에서 자신들의 공간을 형성했는데, 10여 년 전에 인천시에서 세운 건축물복원 계획안에 포함된 존스턴별장은 동아시아 각국의 개항장에 설치된 조계나 거류지를 잇는 하나의 거대한, 소위 조계네트워크를 보여줘 의미가 크다. 왜냐하면 제임스 존스턴이 상하이공공조계 공부국 이사와 이사장을 지냈고, 상하이뿐 아니라 아시아에 가장 큰 영향력을 발휘한 이화양행의 경영자였다는 것, 존스턴별장 건립이 이화양행의 조선 진출과 관련되어 있으리라는 점 때문이다.

또 상하이의 유력한 독일 건축가 하인리히 베커(Heinrich Becker)의 배고양행(倍高洋行)에서 존스턴별장을 건축했고 칭다오(靑島)

에서 활약한 독일 건축가 쿠르
트 로트케겔(Curt Rothkegel)이 거
기 간접으로 간여했으리라는
것, 또한 상하이 와이탄에 있었
던 독일식 건축물 저먼클럽(Club
Concordia)과 톈진, 칭다오 등의
독일 건축물이 그와 관계돼 있
거나 적어도 동시대성을 띤다는
것 등등의 이유 때문이다.

다시 말해 '인천각'으로 더 유
명한 존스턴별장은 동북아해역
의 개항장을 중심으로 무역업에
종사한 서양 상인들의 네트워크
를 보여주는 건물로 상징적 성
격을 띤다. 동북아해역에는 이
와 같은 서양 상인들을 중심으
로 한 조계네트워크가 작동하고
있었고, 그것이 상하이 와이탄을
비롯한 동북아해역의 개항 도시
에 근대건축물을 통해서 드러났
던 것이다. 개항장을 재영토화
(reterritorialization)하는 작업은 종
래 동아시아 근대를 저항의 네
트워크로만 바라봤던 시각을 재
조정하는 일인 셈이다. (서광덕)

존스턴별장, 출처 김창수

상하이 저먼클럽, 출처 상하이시역사박물관

개항, 동북아해역 인문네트워크의 시작

개항장의 풍경과 드라마

　동아시아 개항장은 무역을 위해 서양 상인들이 출입하고, 이들과 교역을 위해 한국, 중국, 일본인이 상호 왕래하며, 각 개항장의 현지인들이 이런 교역에 종사하는, 말 그대로 다양한 인간과 물자가 넘나드는 시끄럽고 복잡한 국제적인 시장이었다. 이 개항장에는 인간과 물자의 교류를 타고 상이한 지역의 문화들이 교통하는 공간이 형성되었는데, 여기에는 그리스도교와 같은 외래 종교를 전파하려는 선교사들도 있었고, 또 의사와 같이 특수한 기술을 가진 전문가들 그리고 상인의 권익을 보호하기 위해 파견된 각국 정부 관료와 군인이 거주하고 있었다.

　이들은 자주 그들만의 장소에서 파티를 열어 이국의 설움을 달래기도 했고, 또 개항장에서 생활하며 다른 민족과 연애를 하거나 결혼도 했다. 이를 통해 자신과 다른 문화를 수용하며 동화가 이루어지기도 했다. 이런 과정에서 자국으로 돌아가지 못하고 개항장에서 죽은 사람은 그곳에 묻혔다. 이것이 현재 인천이나 요코하마, 하코다테와 나가사키 그리고 상하이 등지에 남아 있는 외국인

묘지다. 이는 근대 건축물 복원에 대한 찬반양론을 일으킨 외국
공관이나 상관(商館)과 같은 서양식 건축물에 비해 주목받지 못했
지만, 일찍이 일본의 경우나 최근 인천시처럼 외국인 묘지에 대한
역사적 복원이 이루어지고 있다.

개항장 인천의 외국인 묘지

인천의 외국인 묘지는 남구 도화동 화교 묘지(義莊地), 중구 율
목동 일본인 묘지, 북성동 외국인 묘지로 나누어져 있었다. 북성
동의 외국인 묘지는 120여 년 전 이역만리 조선을 찾아온 서양인
들이 잠들어 있던 곳이다. 인천 개항과 뿌리를 함께하며 북성동
에 터를 잡았던 외국인 묘지는 애초 2만 6446m²(약 8000평)에 달하
는 광활한 공간에 있었다. 1883년 7월 최초 매장이 이뤄진 이 묘
역은 1914년 조계가 철폐되자 각국 영사관에서 관리하다 1941년
9917m²(약 3000평)만 남긴 채 1만 6529m²는 철도 부지로 수용됐
다. 나머지 부지도 6 · 25 때 파괴되거나 유실돼 1965년 연수구 청
학동 1만 3223m²(약 4000평) 새 묘역으로 이전했다.

1932년 나온 『인천부사(仁川府史)』에서는 이 외국인묘역에 영국
인 21기, 미국인 14기, 러시아인 7기, 독일인 6기 등 모두 11개국
59명의 외국인이 묻혀 있었다고 전한다. 현재는 66명이 묻혀 있는
데, 미국 17, 독일 11, 영국 9, 러시아 5, 이탈리아 3, 호주 2, 네덜란
드 2, 프랑스 · 캐나다 · 스페인 · 폴란드 · 체코 · 중국 각 1, 미확인
11기이다. 여기서 중국인 1명과 스페인 1명은 오례당(吳禮堂) 내외
다. 이 밖에 중국인과 일본인은 없다.

이 묘지에는 청나라 외교관 출신으로 세관에서 일했던 오례당,

개항, 동북아해역 인문네트워크의 시작

인천에서 무역상으로 활동하며 많은 이익을 챙긴 독일 무역회사 세창양행의 헤르만 헨켈, 미국 타운센드 상회의 월터 타운센드, 자유공원 아래 병원을 세우고 어려운 사람을 많이 고쳐줘 '약대인(藥大人)'으로 칭송받은 미국인 랜디스 박사 외에 개항 뒤부터 1950년대까지 인천에서 활동한 외교관, 통역관, 선교사, 상인, 의사 등 한국 근대사 연구에서 빼놓을 수 없는 인물이 많이 묻혀 있다. 이와 같은 유명인들 외에 이 묘지에는 하나 글로버 베네트(Hana Glover · 1873~1938)라는 일반 여성의 무덤도 있다.

동아시아 조계의 인적 네트워크

하나 글로버 베네트라는 이 여성의 이름에서 알 수 있듯, 결혼 전 성(姓)인 글로버와 결혼 뒤 남편의 성인 베네트의 결합으로 이루어져 있다. 여기서 아버지 성인 글로버는 바로 일본 근대화에 크게 기여한 토머스 글로버를 가리키고, 남편인 베네트(W. G. Bennett)는 인천에서 영업했던 베네트상회(광창양행)의 상인이다. 남편 베네트는 원래 홈링거양행에서 일했다. 그는 나가사키

글로버 가족

에 본점을 둔 홈링거양행에서 1891년부터 근무했다. 하나가 교육을 마치고 나가사키로 돌아와 부모와 함께 살던 때인 1894년 베네트를 처음 만났고, 이들은 1897년 1월 결혼했다. 다음 해 베네트가

홈링거양행 인천지점 영업책임자가 되었기에 조선으로 떠나오게 되었다.

이리하여 그들의 조선 생활이 시작됐다. 베네트는 1902년 일본인과 합작해 일영무역상회를 설립했다. 이후 1904년 베네트는 독립하기 위해 퇴사하고 그 뒤 베네트상회를 설립했다. 그리고 베네트는 1915년 제1차 세계대전 중 일시 폐쇄됐던 영국영사관의 명예영사직을 수행하기도 했다. 베네트와 하나의 조선 생활은 1938년 하나가 세상을 떠나기 전까지 계속됐다.

이들의 조선 생활에 대해서는 기록이 많지 않아 잘 알 수는 없지만, 하나가 죽은 뒤 베네트는 태평양전쟁 발발 직전 영국으로 돌아가 1944년 런던에서 죽었다. 하나 부부에게는 자식이 네 명 있었는데, 모두 인천에서 태어났고, 이 항구의 거류지에 있는 벽돌로 지은 집에서 부유한 생활을 했다고 한다. 이들 네 명은 학업을 위해 일본과 미국으로 유학을 떠났는데, 장녀인 이데스만 인천의 부모 곁에 남아 하나의 임종을 지켰고, 이후 아버지 베네트와 함께 영국으로 돌아갔다고 전해진다.

인천시 부평구 인천가족공원 내 외국인 특화 묘역에 있는 하나 글로버 베네트의 묘비

개항, 동북아해역 인문네트워크의 시작

일본 나가사키에 있는 글로버 정원. 인천시 외국인 묘지에 안장된 하나 글로버 베네트의 아버지로 개항장 나가사키에서 크게 활동한 토머스 글로버가 남긴 건물이다.

'나비부인'의 탄생

하나는 아버지 토머스 글로버와 일본인 야마무로 쓰루(淡路屋ツル) 사이에서 태어난 외동딸이다. 영국인 토머스 글로버(Thomas Blake Glover · 1838~1911)는 앞서 말했듯 일본 근대화에서 중요한 역할을 한 인물로 나가사키의 관광명소 '글로버 정원'의 주인으로 알려져 있다. 글로버 정원은, 하나의 부모에서 연상되듯 바로 「나비부인」이라는 오페라 때문에 더 유명해졌다. 세계적으로 유명한 푸치니의 오페라 「나비부인」은 원래 소설에서 출발했다. 프랑스 작가 로티(Pierre Loti · 1850~1923)가 1887년 발표한 여행기 「마담 크리상테마」를 바탕으로 미국 소설가 존 루터 롱(John Luther Long · 1861~1927)이 중편소설 「나비부인」을 썼으며 브로드웨이의

유명한 프로듀서 데이비드 벨라스코(David Belasco · 1853~1931)가 뮤지컬로 제작했다. 이를 푸치니가 오페라로 만들어 세계를 매료시킨 것이다.

오페라 「나비부인」과 이를 모태로 한 다른 작품들의 성공은 허구인 「나비부인」의 창작 배경에 관심을 유도했고, 이러한 관심은 자연스럽게 '나비부인'이라는 인물 그리고 작품의 배경이 된 나가사키에 대한 관심으로 연결됐다.

작품이라는 측면에서 본다면, 배경이 꼭 나가사키가 아니어도 된다. 「미스 사이공」처럼 변주된 다른 작품에서도 알 수 있듯이, 그곳은 아시아의 어떤 곳이면 된다. 일본은 「나비부인」의 명성 그리고 등장인물과 배경에 대한 세계적 관심을 발 빠르게 파악하고, 이를 관광 상품화하는 작업을 시도했다.

이처럼 해역을 사이에 두고 전개된 사람들의 교류는 이야기를 만들고, 그 이야기는 그 사람들보다 더 오래 전해진다. (서광덕)

일본 니가타항
탐방기

바닷길을 통하면 동북아는 하나다.

동북아해역에 관한 연구를 시작하면서 지도를 벽에 붙여두고 한참 쳐다보는 일을 반복한다. 바닷길을 따라 거칠 것 없이 항해하는 상상을 펼친다. 환동해권에는 한국, 북한, 중국, 러시아, 일본이 있다. 그리고 숱한 역사의 기억을 간직한 항구가 있다. 모두 가볼 기회가 오기를 바라며 우선 지역에 대한 정보라도 착착 봐두리라.

일본 니가타(新潟)는 쌀이 맛있기로 유명하다. 바로 '고시히카리'의 산지다. 쌀이 맛있어 담근 술도 그 맛에 대해서는 말이 필요 없다. 바다향 가득 담은 해산물 요리는 신선함과 풍미를 제대로 즐길 수 있게 해준다. 긴 해안선을 따라 넓은 평야가 펼쳐지고, 수량이 풍부한 하천이 바다로 흐른다. 소설『설국』의 배경으로도 알려진 만큼 겨울에는 눈도 많이 온다.

동북아 바다, 인문학으로 항해하다

개항을 앞두고 있던 1859년 니가타항을 그린 그림, 출처 『니가타 개항 150주년사』

개항 150주년, 재도약 시작

니가타는 2019년 개항 150주년을 맞았다. 1869년 1월 1일을 기점으로 한 것이다.

『니가타일보(新潟日報)』에는 2018년 4월부터 개항 150주년을 주제로 매주 기사가 연재되었다. 박물관, 미술관, 기념관에서도 특별 전시를 진행했다. 니가타는 일본 개항장 중 유일하게 옛 세관청사 건물이 남아 있다. 우리나라 국보에 해당하는 국가중요문화재로 관리된다. 이 건물은 동남아시아 분위기가 묻어나는 이색적인 외관을 지녔다.

개항, 동북아해역 인문네트워크의 시작

일본 국가중요문화재인 옛 니가타 세관 청사

일본 환동해 유일의 개항장

니가타는 에도 시대 중반부터 일본 해안을 따라 교역한 북전선(北前船)의 항구였다. 교역품은 대부분 쌀이었다. 개항 이후에도 평균 40~45만 석의 쌀이 니가타항에 집산되고, 대부분 도쿄와 홋카이도 방면으로 이출되었다. 연어와 송어를 잡으러 북태평양으로 향하던 어선의 출항지이기도 했다.

일본 정부는 이런 배경에서 니가타를 개항장으로 먼저 제안했다. 일본은 1858년 미국과 통상조약을 맺고 하코다테, 요코하마, 고베, 나가사키, 니가타 등 다섯 곳을 개항했다.

니가타항은 1860년 1월 1일 개항이 예정되었지만, 8년이 지나서야 개항장의 역할을 시작했다. 항만 기능이 취약했기 때문이다. 니가타항으로 흐르는 시나노강은 해마다 범람해 홍수 피해가 극심

했고, 항으로 토사가 쌓이면서 수심이 계속 바뀌었다. 게다가 바다를 정면으로 마주한 긴 해안선은 거센 북서풍의 바람을 그대로 받을 수밖에 없었다. 니가타현은 시나노강 제방 공사를 시작했고, 일본 정부의 지원을 받아 1926년 항만 시설을 갖추었다. 1931년에는 니가타항과 도쿄를 잇는 철도도 전면 개통되었다. 발전소 건설이 완료되면서 풍부한 전력이 공급되자 대규모 공장이 들어섰다.

대륙 향한 일본의 욕망과 니가타

기반시설을 구축한 니가타항은 1935년 일본 정부의 니가타~청진·나진·웅기 명령항로로 지정되었다. 이 항로는 일본 도쿄와 만주 신경(新京·지금의 창춘)을 연결하는 최단 거리였다. 1932년 만주국을 세운 일본은 만주의 자원과 식량을 일본으로 이송하고, 일본의 사람과 생산가공품을 만주로 운송하려고 했다. 니가타항에 물자가 모이면서 인구가 급증했고, 상업과 공업이 성장했다. 1930~40년대 니가타항은 번영의 시기였다.

1941년 12월 일본이 하와이를 침공하고 아시아태평양전쟁이 시작됐다. 일본 정부는 태평양 방면의 공장을 니가타로 옮겼다. 특히 군수공장을 긴급히 이전했다. 태평양 쪽 모든 일본 항이 미군의 폭격과 기뢰 봉쇄로 기능을 잃었다. 일본과 대륙 간 수송은 환동해 항로만 남았다.

1945년 일본이 패전한 후, 만주와 조선에 살고 있던 많은 일본인이 니가타항으로 귀환했다.

개항, 동북아해역 인문네트워크의 시작

영광 뒤의 그림자

니가타는 한국인의 아픈 역사를 간직한 곳이기도 하다. 니가타 현을 가로지르는 시나노강은 367km로 일본에서 가장 긴 강이라고 한다. 시나노강 발전소의 전력은 니가타는 물론이고 인근 지역까지 공급할 정도다. 발전소 건설이 한창이던 1922년 7월, 건설 노동자로 있던 한국인들이 탈출을 시도하다 수십 명이 학살되는 사건이 있었다.

아시아태평양전쟁 시기에는 니가타항의 항만노동자, 항만부대의 군인으로 징용·징병된 한국인들이 있었다. 그리고 1959년부터 1984년까지 일본에 살고 있던 한국인들이 니가타항에서 북한으로 가는 북송선을 탔다. 이 배를 탔던 10만여 명은 대부분 북한 사회에 적응하지 못하고 주변인으로 살고 있다.

2019년 6월 18일 니가타에서 지진이 났다. 쓰나미의 위험까지 예견됐지만, 다행히 최악의 피해는 없었다. 니가타는 1964년 큰 재앙을 겪고 다시 일어난 곳이다. 인근 바다에서 진도 7.5 규모의 지진이 발생하면서 도시의 모든 것이 사라졌다. 1961년에는 지반 침하로 바닷물이 유입되어 니가타 연안이 잠기는 피해도 입었다. 니가타 지하의 천연가스 채굴을 일시에 너무 많이 한 것이 원인이었다. 이처럼 큰 재해를 입은 니가타는 1967년 다시 일어서는 계기를 맞았다. 일본 정부가 국제해상수송망의 거점 역할을 하는 특정중요항만으로 지정한 것이다. 1969년 신항만이 건설되면서 니가타는 국제무역항으로서 면모를 갖추게 되었다.

환동해권에 있는 국가와 지방정부는 공동의 바다에서 함께 번영하기를 꿈꾼다. 그러기 위해서는 해결해야 할 사안이 있다. 한국과 일본은 독도로, 러시아와 일본은 쿠릴열도로 갈등을 빚고 있다.

동북아 바다, 인문학으로 항해하다

일본 니가타항 부두에서 굽어본 환동해권 바다. 수평선 너머 한반도가 있다. 2019년 니가타는 개항 150주년을 맞아 여러 기념행사로 활기찬 분위기였다.

중국과 일본의 관계도 평온하지만은 않다. 분단된 남·북한도 해결해야 할 과제가 많다. 배타적경제수역 범위 규정 문제는 또 어떠한가. 희망찬 미래를 논의하는 자리에서 갈등의 바다를 어떻게 풀어나갈지 지혜를 발휘해야 하는 시점이다. (김윤미)

해전으로 본
동북아 100년

19세기 말부터 서구 열강과 일본은 제국주의 팽창을 위해 전력을 다해 해군력 건설에 착수했다. 해군력은 식민지와 세력권 확대 그리고 본국과 식민지 사이 해상교통로 확보를 위한 힘의 표상이었다. 동북아에서도 각국 해군력 확장이 시작되면서 동북아를 재편하려는 강국들의 충돌이 발생했다. 지난 100년 동안 동북아에서 일어난 전쟁은 '양국 전쟁'이 아니었다. 해군력을 통해 동북아를 재편하려는 움직임은 '동북아 국제질서'라는 말을 전혀 어색하지 않게 했다. 각 국가가 바다로 연결돼 있었고, 동북아는 세계사에 편입돼 있었다. 지금 시점에 다시금 과거를 되돌아보는 것은 그때 그 관계망이 여전히 유효하게 작동하기 때문이다.

청일전쟁, 중·일의 해군력 충돌

막강한 해군력을 기반으로 제해권을 차지하기 위한 전쟁이 시작됐다. 청나라와 일본도 뒤늦게 그 대열에 들어섰다. 해군력이 국가의 힘이라 믿으며 유럽에서 함선을 사들이고 해군 창설과 훈련을 시작했다. 그 뒤 중국 해군력과 일본 해군력이 황해에서 충돌했다. 청일전쟁은 일본의 승리로 끝이 났고, 동북아는 새로운 질서를 형성했다. 청나라는 아편전쟁에서 영국에 지면서 아시아 패권국 지위를 잃었고, 청일전쟁에서 일본에 지면서 동북아의 영향력마저 상실했다. 청나라 해군력이 상실되자 웨이하이웨이는 일본과 영국 함대, 칭다오는 독일 함대, 뤼순은 러시아 함대, 광저우는 프랑스 함대가 차지했다. 동북아의 바다가 열강의 거점이 된 것이다.

조선은 대국이었던 청이 일본과 전쟁에서 졌고, 동북아 패권에 도전한 일본이 동북아 주도권을 장악해가는 형세를 보았다. 조선은 1893년 영국 지원을 받아 최초 해군사관학교라 할 수 있는 조선수사해방학당을 강화도에 설립하고 해군 양성을 시작했다. 여러 문제로 1년 정도밖에 존속하지 못했지만, 해군력을 갖추려 한 노력으로 평가할 수 있다.

조선은 다시 해군 창설을 시도했다. 1903년 양무호라고 명명한 군함을 구입하고, 일본 유학을 마치고 귀국한 신순성을 초대 함장으로 임명해 해군 양성을 시작했다. 양무호는 1888년 영국에서 건조한 화물선을 일본 미쓰이물산(三井物産)에서 사들여 석탄운반선으로 쓰던 선박이었다. 미쓰이물산은 청일전쟁 뒤 군함에서 대포를 옮겨 장착해 조선에 팔았고, 그 군함은 1903년 4월 인천항에 도착했다. 터무니없이 비싼 값에 제대로 기능도 하지 못하는 함선을 구입했지만, 더 큰 문제는 유지 비용이 없었다는 것이다.

양무호의 실패를 경험하고 두 번째로 조선이 산 군함은 일본 가와사키조선(川崎造船)에서 건조한 광제호였다. 1904년 12월 인천항에 도착한 광제호는 등대 순시, 해안 경비, 세관 감시 등 다목적

31

조선(대한제국)이 해군력을 높이기 위해 두 번째로 사들인 군함 광제호. 일본 가와사키 조선이 건조한 배로 1904년 12월 인천항으로 들어와 해안 경비 등에 투입됐다.

광제호의 선원들

으로 쓰였다.

러일전쟁, 러 · 일 해군력의 충돌

청일전쟁 이후 일본은 이전과 비교할 수 없는 예산을 쏟아부어 군함 건조를 시작했다. 일본의 기준은 러시아 해군력이었다. 러시아에 맞설 수 있는 해군력을 키웠다고 판단한 일본은 1904년 부산에 정박했던 러시아 상선을 포박하고, 중국 뤼순의 러시아 함대를 공격했다. 이 소식을 듣고 유럽에서 출발한 러시아 발틱함대를 일본 해군은 대한해협에서 기다리고 있었다. 일본 해군이 러시아 해군을 이겼고, 러일전쟁으로 러시아는 해군력을 상실했다.

일본은 러일전쟁을 통해 조선에 일본 군사력을 배치하려 했고, 만주까지 확보하고자 했다. 이러한 야욕의 배경에는 해상제국 영국이 있었다. 동북아 패권을 러시아가 독차지할 것을 우려한 일본과 영국의 공조였다. 두 나라는 두 차례 영일동맹을 맺었고, 일본은 영국의 막대한 지원을 받았다. 영국은 전 세계에 식민지를 갖고 있었고, 그 식민지는 통신망으로 거미줄처럼 연결돼 있어 세계 정보를 장악하고 있었다. 영국은 일본에 그 정보를 제공했고, 경제와 군사적 측면에서도 전폭적인 지원을 했다.

미국도 일본을 지지했다. 러일전쟁이 끝날 무렵, 1905년 7월 미 · 일은 가쓰라-태프트 밀약을 맺었다. 미국은 필리핀 점령을, 일본은 조선 점령을 서로 인정하자는 것이었다. 한편 조선은 미국이 군사적 지원을 해줄 것이라고 믿고 있었다. 그러나 고종이 미국 대통령에게 서한을 전하기 위해 보낸 미국인 선교사 헐버트는 문전박대당하고 말았다.

아태전쟁, 미·영·일 해군력 충돌

러일전쟁은 세계적 건함 경쟁 시대를 불러왔다. 러일전쟁 이전 각국 해군은 포격으로 충격을 주는 정도의 해전을 해왔다. 그런데 러일전쟁에서 강철 주력함인 러시아 함대가 일본 함대의 포격만으로 침몰했다. 가장 빨리 건함 경쟁을 시작한 나라는 영국이었다. 일본도 태평양으로 팽창하기 위해 대열에 합류했다. 필리핀을 근거지로 한 미국과 마주하게 됐기 때문이다.

일본은 미국을 상대로 함선 건조 경쟁을 벌였다. 그러나 얼마 가지 못하고 일본의 재정은 파탄에 이를 지경이 되었다. 1921년 일본 군사비는 국가 세출의 49%(해군비 31.6%)까지 되었다. 건함 경쟁이 정점에 이른 1921년 미국 대통령은 영국, 일본, 프랑스, 이탈리아에 군비확장 중지와 해군군비제한에 관한 국제회의를 제안했다. 워싱턴에서 회의가 열렸고, 10년간 주력함 건조를 중지하고, 주력함과 항모 보유 비율은 미국 : 영국 : 일본이 5 : 5 : 3으로 한다는 내용이 포함된 조약이 체결됐다. 조약은 1936년까지 유효했다.

조약 효력이 끝나는 1937년 각국 건함 경쟁은 다시 시작됐다. 영국, 미국, 일본은 앞다퉈 전함을 건조했다. 특히 항공모함 건조에 주력했다. 일본은 이에 앞서 1931년 만주사변을 일으켰고, 1933년 국제연맹을 탈퇴했다. 그리고 1941년 12월 일본해군은 아시아태평양전쟁을 통해 미국함대가 주둔한 필리핀과 하와이, 영국함대가 주둔한 싱가포르를 공격하여 제해권과 제공권을 장악하려고 했다.

일본은 미국, 영국 등 연합군 함대와 태평양에서 맞서려고 했다. 결말은 일본 해군력의 완전한 패배였다. 해군력의 확장은 결국 전쟁으로 표출되었고, 전쟁으로 점철된 역사는 이렇게 막을 내렸다.

한국전쟁, 세계 해상 수송의 집결

아시아태평양전쟁 이후, 동북아는 또 다른 국제질서로 재편되기 시작했다. 1950년 세계 각국의 배들이 한국 부산항으로 향했다. 1950년 6월 25일 북한의 침략으로 한반도에서 전쟁이 일어나자 유엔에서 6월 26일 유엔군 창설을 논의했고, 28일 파견을 결의했다. 유엔에서 처음이자 마지막으로 '집단안보' 체제를 가동한 결정이었다. 16개국은 전투에 참전했고, 50여 개국은 의료와 물자를 지원했다. 의료지원국은 병원선을 한국으로 옮겨왔다. 모든 수송은 바다로 이뤄졌고, 대부분 부산항을 통해 상륙했다. 전쟁 뒤 전 세계의 한국 원조도 바닷길을 통해 진행됐다. 이 전쟁은 한반도가 분단되는 것으로 끝이 났고, 동북아 바다는 어느 때보다 뜨거웠던 아픔을 기억해야 했다.

한국전쟁 이후, 다행스럽게 동북아 바다에서 충돌은 없었다. 그러나 이제는 육지 쟁탈이 아닌 해역과 섬을 차지하려는 해양영토 분쟁의 서막이 올랐다. 바다 위 섬을 차지하기 위해, 해역의 한 지역을 영토화하기 위한 해군력이 충돌하고 있다. 다시금 동북아 국가는 물론 이해관계를 가진 여러 나라가 해군력 증강을 통해 제해권 확장을 도모하고 있다. (김윤미)

위기는
바다를 모를 때 왔다

마지막 미지의 항로, 조선을 탐하다

19세기 서구 국가들은 군함을 이끌고 새로운 바닷길을 따라 동북아해역으로 몰려왔다. 바다에서 밀려오는 낯선 기운을 조선에서는 이양선이라 불렀다. 1854년 미국의 페리 함대에 의해 일본이 개항하고, 1860년 아편전쟁으로 중국이 서양에 문호를 개방한 뒤부터 이양선은 밀물같이 밀려왔다. 조선은 그 힘을 막고자 했다. 1866년 프랑스 함대와 전쟁을 치렀던 병인양요, 1871년 미국 함대가 함포를 쏘며 침략해 온 신미양요가 그 서막이었다.

얼마 지나지 않아 조선 해역은 중국, 일본, 영국, 프랑스, 러시아, 독일 등의 군함으로 둘러싸였다.

프랑스, 중국 넘어 조선 앞바다로

1866년 9월 프랑스 함대가 조선을 침략했다. 조선에 통상을 요구하며 전쟁을 불사한 첫 이양선이었다. 프랑스는 왜 조선에 왔을까? 프랑스는 조선이 천주교인을 박해한다는 명분을 내세웠지만, 인도를 두고 영국과 싸우다 밀려나자 동북아에 관심을 돌린 것이다. 1840년 영국이 중국을 상대로 아편전쟁을 일으켜 승리하고, 1854년 미국이 일본을 개항하면서 주도권을 잡게 되자 프랑스는 조선에 대한 야심을 갖기 시작했다.

1858년 러시아가 중국으로부터 연해주를 할양하면서 조선으로 남하할 것으로 예견되자, 조급해진 프랑스는 조선에 대한 군사적 점령을 시도했다. 이를 병인양요라고 한다. 프랑스 로즈 제독은 전함 3척, 포함 4척, 병사 1000여 명을 이끌고 강화도를 돌고, 한강을 따라 서울 마포까지 들어왔다. 조선을 위협하는 정도에 그쳤지만, 그동안 프랑스는 서울로 들어가는 정확한 군사지도를 완성했다. 월미도를 로즈섬으로 명명한 이 지도는 1871년 미국 함대가 월미도를 침략한 신미양요 때 로저스 제독이 갖고 있었다. 병인양요가 일어난 지 20여 년이 지난 1886년, 조선과 프랑스는 조불통상조약을 체결했다.

고래 따라 조선으로 온 미국

프랑스의 침입 직전 1866년 8월, 미국 상선 제너럴셔먼호가 조선에 등장했다. 평양으로 들어와 무역을 요구하자 평양 사람들은 배를 불태워 버렸다. 미국은 이를 아시아에서 미국의 무역 안전을 위협한 사건이라고 규정하고, 1871년 아시아 함대사령관 로저스를 조선으로 파견했다. 군함 5척, 수 · 해병 1230명, 함재대포 85문을 적재한 함대는 인천의 작은 섬인 물치도에 정박했다. 조선의 맹

공격에 한 달도 되지 않아 퇴각했지만, 이 짧은 기간 미군은 조선에 해안측량 허가를 일방적으로 통고하고, 지세 정찰과 수로 탐사를 통해 지도 3장을 완성했다. 10여 년 뒤 1882년 조선과 미국은 조미수호통상조약을 맺었다.

중무장한 미국 함대가 조선에 온 진짜 이유는 무엇일까? 조선과 최초로 접촉한 미국 배는 포경선이었다. 1853년 1월 부산 용당동 앞바다에 1척이 표착한 후, 고래를 따라 미국에서 이동한 포경선들이 피항지를 찾아 조선 연안에 정박했다. 게다가 미국이 중국을 비롯해 아시아 여러 지역과 활발하게 교역하게 되면서 조선만 교역을 단절한 상태로 둘 수 없었다. 조선에는 교역할 물자가 많지 않았지만, 중국과 일본 간 항로의 중간 기착지로 주목했다.

동북아해역 길목, 거문도 점령한 영국

영국도 동북아의 바다에 등장했다. 영국이 최초로 조선과 접촉한 것은 1797년 9월이었다. 영국 제독 브로우튼이 함대를 이끌고 북태평양을 탐험하던 중 동해로 진입한 것이다. 함대는 해도를 제작하고, 원산만을 함장의 이름을 따서 브로우튼만이라 명명했다. 이후에도 조선의 서남해안 일대를 항해하면서 동북아 해도를 완성했다.

영국이 조선에 전면 등장한 것은 1876년 조선과 일본이 강화도조약을 체결한 직후였다. 영국은 군함을 경상도 연안으로 보내 측량에 착수하고, 일본과 청을 통해 조선과 수교를 시도했다. 조선과 영국은 1883년 조영수호통상조약을 맺었다.

영국은 조약을 체결한 지 2년 만에 세계의 이목을 집중시키는 사건을 일으켰다. 1885년 4월 15일 거문도를 불법으로 점령했던 것이다. 그 배경은 인도를 둘러싼 영국과 러시아의 갈등이었다. 1885년 3월 30일 아프가니스탄 한 지역 소유권을 둘러싸고 러시아군과 충돌해 영국군이 전멸하는 사건이 벌어졌다. 러시아는 영국 식민지였던 인도에 군사력을 미칠 수 있게 됐고, 이를 우려한 영국은 동북아에서 러시아의 남진을 견제한다는 명분으로 즉시 거문도에 해군을 파견했다. 점령 계획은 1845년 수립돼 있었다. 영국은 군함 사마랑호를 거문도에 보내 해역을 조사해두었던 것이다.

일본, 조선 바다에서 중·러에 맞서다

일본은 일찍이 군함을 조선 연안에 파견해 불법 해안측량을 시작했다. 서구 국가들이 측량한 조선 지도, 특히 영국에서 제작한

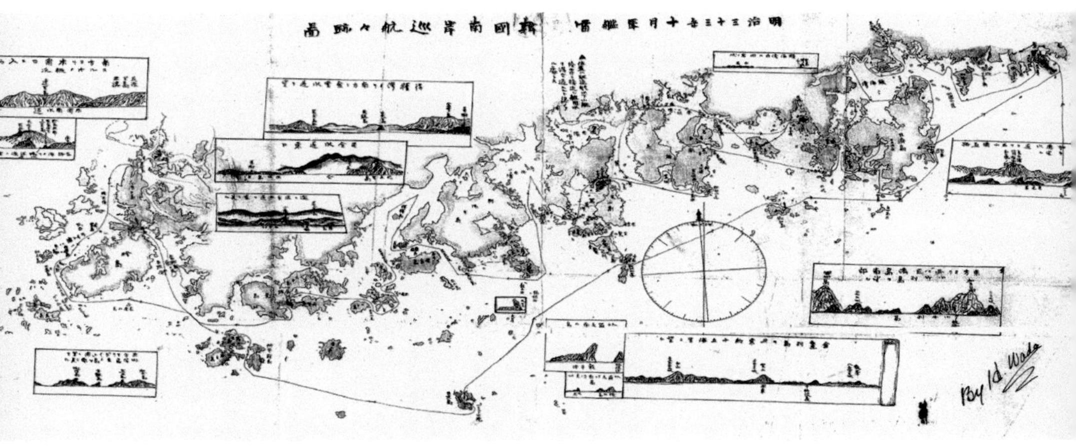

1901년 일본 해군이 조선 남해안을 조사한 후 제작한 항로도
출처 일본아시아역사자료센터

개항, 동북아해역 인문네트워크의 시작

1900년 10월 일본 해군이 촬영한 부산 전경 사진. 영도와 용미산(현재 롯데백화점 광복점 자리)이 시원스럽게 보인다.

지도를 참고하면서 빠르게 조선 해안지도를 그려나갔다. 일본은 1871년 병무성에 육군부 참모국과 해군부 수로국을 설치하고, 국내외 지도와 해도 제작을 맡게 했다. 일본이 합법적으로 조선 해안을 조사하기 시작한 것은 1876년 강화도조약에 해안측량권을 명시한 이후였다. 육지에는 육군을 잠입시켜 조선의 지도를 제작했다.

조선 지도를 어느 정도 완성한 일본은 조선의 바다와 육지에서 1884년 청일전쟁을 일으켰다. 청일전쟁 이후 조선 해안을 더욱 자유롭게 항해한 일본 해군은 1894년 조사보고서인 『조선수로지』를 발행하고, 1896년 해도인 「조선전안」을 간행했다.

청일전쟁에서 이긴 일본은 조선을 두고 러시아와 격전을 벌였다. 일본과 러시아는 조선에 군사력을 증강해 배치하고, 사활을 건 정보수집에 나섰다. 함대 이동에 필요한 석탄 등 연료와 식수 공

동북아 바다, 인문학으로 항해하다

급기지 건설을 위해 원산, 부산 영도, 마산 등에서는 군용지 매입 경쟁을 치열하게 벌였다.

1904년 일본 해군은 부산에 정박했던 러시아 함대를 급습해 통신을 마비시킨 뒤, 인천으로 이동해서 러시아 함대를 포격했다. 중국 다롄의 러시아 해군기지를 무력화한 뒤, 거제도와 목포에 군사 거점기지를 구축하고 조선의 남동해를 지나는 러시아 함대를 공격했다. 러일 전쟁은 1905년 일본의 승리로 끝났고, 동북아해역은 일본의 영향력 아래 오랫동안 놓였다.

지난 역사를 되돌아볼 때, 위기는 바다를 알지 못했을 때 혹은 바다를 지키지 못했을 때 왔다. 분단된 시대를 살아가는 우리는 동해를 따라 북극항로로 향하든, 남해를 지나 태평양으로 나가든 바다의 길을 떠나야 한다. 바다를 통해 세계로 나가려 한다면 우리는 어떠한 자세로 바다를 마주해야 할까? 바다를 알아간다면 세계로 통하는 길목에 있는 것이고, 그렇지 않다면 변방에 서 있을 뿐이다. (김윤미)

개항, 동북아해역 인문네트워크의 시작

대항해시대의 대만

대만에선 '중국은 대륙형 문화여서 폐쇄적이고 보수적인 반면, 대만은 해양형 문화여서 변화와 새로움을 추구하는 전혀 다른 문화'라고 한다. 이에 반해 최근 대륙에선 중국은 대륙 국가에 그치지 않는 해양국가라고 주장한다. 해양 중국의 대표 사례로 대만 섬을 포섭해 대만 역사를 중국 지방사의 일부분으로 흡수하려 한다. 이런 관점 차이는 대만의 역사 전반에 걸쳐 서로 다른 해석을 낳았다. 대항해시대의 대만 역사가 대표적이다.

포모사의 유래

'대만사 사백 년'이라는 말이 있다. 물론 대만 섬에도 선사시대가 있었지만, 원주민에게 문자가 없어 고대 시기 기록이 거의 없다. 역사에는 기록이 필요하다. 대만이 역사시대에 접어든 것은 1543년 포르투갈 상선이 일본을 왕래하다 산수가 아름다운 대만 섬을 발견하면서부터라고 한다. 해도에 아름다운 섬이란 뜻

대만을 그린 옛 서양 지도. 포모사(FORMOSA)라는 표기가 선명하게 보인다.

으로 '포모사 섬(Ilha Formosa)'이라는 이름을 붙였다. 여기서 포모사(또는 美麗島)가 유래했다는 것이 정설이나, 최근 이견도 있다.

15, 16세기 유럽은 해상 무역의 대상과 식민지를 찾아 대양을 탐험하면서 대항해시대로 접어들었다. 국제 환경의 변화 아래 대만은 근대 세계사에 편입됐다. 극소수 일본인과 중국인 해도(海盜·해적과 비슷한 말)가 대만 섬을 방문한 것과 달리, 서양 중상주의 국가는 뚜렷한 목적을 갖고 대만에 왔다. 포르투갈은 명 제국의 마카오를 얻었다. 스페인은 필리핀 여송(呂宋, 지금의 루손)에 식민지를 세워 마닐라를 거점으로 삼았다. 네덜란드는 인도네시아 바타비아(지금의 자카르타)를 중심으로 동아시아 무역과 식민에 열중했다.

개항, 동북아해역 인문네트워크의 시작

네덜란드 동인도회사

16세기 중엽 이후 대만의 국제적 지위가 갑작스레 바뀌었다. 유럽 해양 제국들이 동쪽으로 진출하면서 대만 섬은 동아시아와 유럽 간 무역노선의 중간에 놓이게 되었다. 처음에는 포르투갈과 스페인이 식민지와 해상무역의 이권을 놓고 다퉜다. 후발 주자 네덜란드는 정부 지원 아래 1602년 연합동인도회사(Vereenigde Oostindische Compagnie, 약칭 V.O.C.)를 만들었다. 이 회사는 해상무역의 독점권과 군대를 조직할 권리를 얻었다. 네덜란드 신흥 상업자본은 인도네시아와 일본에 걸친 상업왕국을 건설하면서 기존 중국 푸젠, 대만, 일본 규슈로 이어진 무역망에 침투했다. 『하멜표류기』 저자로 유명한 헨드릭 하멜(Hendrick Hamel)도 이 회사 선원이었다.

'대만' 명칭의 기원

네덜란드 동인도회사는 중국과 일본 무역을 위해 동중국 연해에 배를 정박할 무역 근거지를 찾았다. 포르투갈이 자리 잡은, 마카오를 뺏으려다 실패하고, 다시 1622년 펑후섬을 점령했으나 명이 군대를 파견하자 물러났다. 협상 끝에 1624년 명의 영향력이 미치지 않던 대만 동남부 지역을 점령했다. 그들은 네덜란드어로 'Taoyouan(원주민어로 '손님'이라는 뜻)'이라고 일컫는 곳에 군사 요새인 질란디아(Zeelandia)성을 건설했다. 이곳은 한자로 '대원(大員)'이라 하며, 지금의 타이난(臺南) 안핑(安平)에 위치한다. 대원은 간혹 대원(臺員) 또는 대만(臺灣)으로 표기됐는데, 나중에 대만 섬 전체를 부르는 명칭이 됐다. 1627년에는 주변에 프로방시아(Provintia)

17세기 네덜란드가 대만에 만든 군사요새 질란디아성

성을 건축해 대만을 통치하는 본부로 삼았다.

홍모번의 대만 통치

네덜란드 동인도회사가 대만을 점령하기 전까지 대만 섬에는 중국의 통치기관이 설치된 적이 없었다. 당시에는 어떤 국가의 관리도 받지 않아 밀무역 상인들이 편리하게 배를 댈 수 있는 곳이 대만이었다. 네덜란드가 대만에 진출하자, 스페인은 이를 견제하기 위해 1626년 함대를 파견해 대만 동북부 일부를 점령해 성을 쌓았는데 대만 점령의 필요성이 약화돼 점차 수비병 숫자를 줄였다. 이 틈을 탄 네덜란드가 1642년 계롱과 담수를 공격하자 성문을 열고 항복했다.

이로써 네덜란드는 대만에서 첫 번째 외래 식민정권이 됐다. 동인도회사가 대원을 점령한 1624년부터 정성공(鄭成功)에게 쫓겨난 1662년까지 네덜란드는 대남 주변을 통치했다. 모두 14명의 장관이 있었으며 최대 7만여 명 인구를 통치했다. 홍모번(紅毛番)이라고도 불린 네덜란드인은 대만에서 설탕, 쌀, 녹피 등을 무역했다. 이곳을 중국·일본·남양·유럽 화물의 집산지로 만들었다.

네덜란드 의사이자 작가 올퍼트 대퍼(Olfert Dapper, 1636~1689)가 그린 대만 원주민. 대퍼는 평생 네덜란드 국내에서만 활동하면서 세계 지리와 역사에 관해 다양한 책을 썼다.

대만을 방문한 중국인과 일본인

네덜란드인이 대만에 왔을 때 소규모로 흩어진 중국인 촌락을 발견했다. 그들은 원주민과 교역도 하고 있었다. 중국인이 대만 섬으로 이주해 온 배경 중 하나는 1600년을 전후해 연해 어민들이 대만 서남해안에서 큰 어장을 발견했기 때문이다. 특히 계절성 회유 어류인 숭어는 중국인을 대만 섬으로 오게 하는 원인이었다. 황금색 숭어는 15세기부터 국제적으로 고가의 물고기였다. 어민들이 숭어를 잡기 위해 대만 서남해역으로 몰려들었다.

일본인도 네덜란드보다 일찍 대만에 왔다. 16세기 말부터 대만은 고산국(高山國)이라 불렸다. 도요토미 히데요시의 사절이 필리핀에 식민지를 건설한, 스페인에 조공 올 것을 요구하는 과정에서 대만에 들렀다. 1609년 도쿠가와 막부도 대만 원주민을 몇 명 붙잡아 일본으로 데려가 조사한 뒤 풀어줬다. 일본은 네덜란드인이 오기 전부터 대만과 무역네트워크를 만들었다. 동인도회사가 대원을 점령한 뒤 일본 무역선에 세금을 징수하자 불만을 품은 일본 선장이 대만 장관을 인질로 잡은 '하마다 야헤에(濱田彌兵衛)사건'을 일으키기도 했다.

네덜란드의 38년 대만 식민 통치

네덜란드인은 대만 남부 원주민에게 깊은 영향을 남겼다. 원주민 부족들의 장로를 모아 지방의회를 만들었다. 원주민 선교사업에도 힘썼다. 대만 원주민은 원래 문자가 없었는데, 선교사들이 신항어(新港語)라는 표음문자를 만들었다. 중국인과 일본인을 불러들여 쌀과 사탕수수 재배를 시켰다. 중국인의 인구가 증가했고,

개항, 동북아해역 인문네트워크의 시작

'흑인'들(동남아인과 인도인 등)도 많이 건너왔다. 네덜란드인은 가혹한 세금으로 일어난 1652년 '곽회일(郭懷一) 반란'과 같은 대규모 농민 봉기에 직면하기도 했다.

1662년 정성공이 반청운동을 위한 근거지를 마련하기 위해 대군을 이끌고 중국에서 대만을 침공해 네덜란드인을 쫓아내면서 네덜란드 통치 시기는 종말을 맞이했다. '네덜란드 38년의 식민 통치'는 짧았고 통치 공간도 대만 일부에 불과했다. 하지만 이 기간은 대만 개발과 국제 무역 관점에서 해양대만의 특징을 이해하는 데 핵심 시기이다.

'짠물을 건너다': 해양대만의 기억

대륙과 붙어 있던 대만이 해수면 상승으로 사면이 바다가 된 뒤 섬에는 사람이 없었다고 한다. 그래서 대만은 외부에서 온 이주민들로 이루어진 해양 이민의 나라가 됐다. 이민 역사의 특징을 상징하는 '짠물을 건너다'라는 표현이 남아 있다. 대만인 공동의 역사 기억은 모두 해양의 자손이라는 사실이다. 대만 원주민은 물론 푸젠인, 일본인, 네덜란드인, 스페인인, 흑인까지. 그래서 해외 정치세력이 대만 역사 변천에서 주요한 동력이라는 주장은 설득력을 얻고 있다. 이런 점은 한국 역사의 출발과 크게 다른 점이다. (조세현)

하멜이 본 조선,
조선이 본 하멜

하멜이 본 조선

『하멜 표류기』라고 알려진 70쪽 보고서의 원제는 '야하트 선 데스페르베르호의 생존 선원들이 코레 왕국의 지배하에 있던 켈파르트 섬에서 1653년 8월 16일 난파당한 후 1666년 9월 14일 그중 8명이 일본의 나가사키로 탈출할 때까지 겪었던 일 및 조선 백성의 관습과 국토의 상황에 관해서'이다. 부록으로 작성한 「조선국기(Tiocen Cock)」에 조선 국토와 백성에 대한 기록이 있다. 국경선, 해안선, 어업, 기후, 생산, 사원, 군정, 관제, 조세, 재판, 종교, 가옥, 결혼풍습, 교육, 담배, 무역 등도 간략히 기술했다.

하멜의 기록은 효종 4년부터 현종 7년까지 제주와 전주, 여수, 병영 등에서 13년 28일간 보고 들은 것을 기록한 것이다. 물론, 그가 이것을 기록한 이유가 자카르타에 본부를 둔 네덜란드 동인도연합회사(VOC)에 속한 선원이었기에 그동안의 급료를 청구하기

개항, 동북아해역 인문네트워크의 시작

위해서였다. 그렇다 하더라도 서양인의 눈에 비친 조선에 대한 기록으로서 중요한 가치를 지닌다. 우리나라에 이 책이 알려진 것은 1918년 육당 최남선이 『태평양』이라는 일본 잡지에 실린 것을 번역해 '250년 전 화란인, 헨드릭 하멜 조선 일기-36명의 14년간 체류실록'이라는 제목으로 『청춘』 14호(1918년 6월) 잡지에 연재하면서이다.

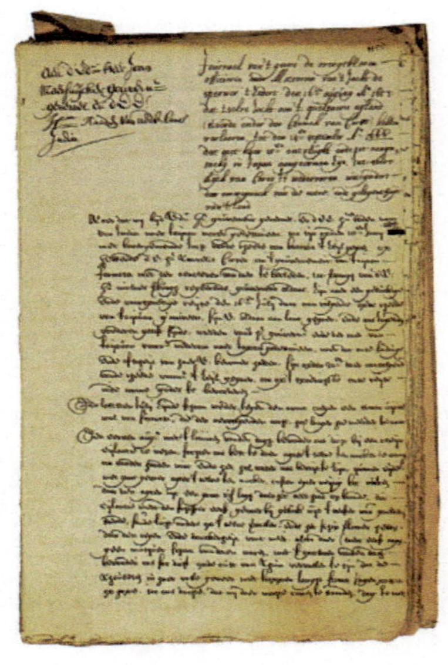

1667년 12월 11일 하멜이 동인도회사 이사회에 제출한 보고서가 수록된 공문서
출처 www.contents.history.go.kr

『하멜 표류기』를 읽으면서 언어가 전혀 통하지 않는 조선에서 하멜 일행이 받은 문화충격과 그들이 살기 위해 적응해 나가는 과정은 상상만 해도 힘들었을 것만 같았다. 한편으로는 '13년이라는 체류 기간이면 조선어를 어느 정도 할 수 있었을 텐데 왜 조선어에 대한 기록은 책의 어디에도 없는 것인가' 하는 의문도 떨칠 수 없었다.

"1655년 6월에 청나라 사신이 다시 한양으로 왔을 때 우리 모두는 총사령관의 부름을 받았다. 그는 칙사이기 때문에 벨떠프레이를 통해 제주도에 다른 배가 좌초되었는데 벨떠프레이가 그곳까지 가기에는 너무 늦었다는 구실로 우리 중 조선 말을 제일 잘 구사하는 사람 세 명이 그곳에 가 좌초된 배가 어떤 배인지 알아 와야 한다고 말하였

동북아 바다, 인문학으로 항해하다

다. 2, 3일 후 조수와 포수 그리고 선원인 조선인 병졸을 안내인으로 하여 함께 떠났다.”

　여기서 ‘조선말을 잘하는 사람’이 있었다는 내용이 있는 것을 보면 의사소통의 가능성을 알 수 있다. 하멜 일행이 심한 노역에 옷이 해어져 새 옷을 사기 위해 지방관에게 나무를 해서 팔거나 구걸을 허용해달라고 하는 기록이 보인다. 지방관이 일주일에 4일 농가나 사찰 등에서 구걸하는 것을 허용했는데 그들은 농민과 승려들에게 자신들의 나라에 대한 이야기를 해주고 금전을 얻어 겨울을 지낼 옷을 구입했다는 구절이 나오는 것으로 보아 어느 정도 일반인과 소통하고 살았음을 알 수 있다.

　그러다가 1705년 니콜라스 휘첸(Nicolaas Witsen)의 『북부와 동부 타타르』(1705)라는 책에서 하멜과 함께 탈출한 마테우스 에이보켄(탈출 당시 32세)이라는 이발사와 베데딕트 클락(탈출 당시 27세)을 휘첸이 인터뷰하여 남긴 책에서 조선어에 대한 기록을 발견했다. 이것이 최초로 한국어가 서양에 알려진 기록으로 17세기 조선어의 모습을 조금이나마 알 수 있다.

　이 기록에는 눈, 발, 떡, 포도, 감 등의 어휘가 보인다. 어제 Oodsey(Overmorgen)와 모레 More(Morgen)라는 어휘도 보이고 물고기 Moelkoikie(alderhande soort van Vis)와 물고기 Moetkoikie(alderhande soort van Viees)라는 단어의 대립도 보인다. 도깨비 Tootshavi(een Duivel), 각시 Kackxie(een Vrouw), 무명 Boejong(Lynwaet)과 비단 Pydaen(Zyde) 등 생필품 이름과 방향·계절·숫자 등에 대한 기본 어휘도 있었다. 특히 머리(대갈) Taigwor(tHooft)가 나오는 것으로 보아 그들이 어떤 계층과 교유했는지 가늠할 수 있다.

조선인이 본 하멜

제주 목사 이원진은 하멜 일행에게서 쌍안경을 선물 받았으며 배에 싣고 온 포도주를 은 술잔으로 마셨다고 했다. 목사는 이들에게 미음을 주어 허기를 면하게 했는데 언어소통은 되지 않았지만, 술과 음식으로 그들은 어느 정도 마음이 통했을 것이라 짐작된다. 『조선왕조실록』에도 이들에 대한 기록이 보인다. 효종 4년 8월 6일(무진) 제주 목사 이원진(李元鎭)의 치계(馳啓) 내용이다.

"배 한 척이 고을 남쪽에서 깨져 해안에 닿았기에 대정 현감(大靜縣監) 권극중(權克中)과 판관(判官) 노정(盧錠)을 시켜 군사를 거느리고 가서 보게 하였더니, 어느 나라 사람인지 모르겠으나 배가 바다 가운데에서 뒤집혀 살아남은 자는 38인이며 말이 통하지 않고 문자도 다릅니다. 배 안에는 약재(藥材) 녹비(鹿皮) 따위 물건을 많이 실었는데 … 왜어(倭語)를 아는 자를 시켜 묻기를 '너희는 서양의 크리스챤[吉利是段]인가?' 하니, 다들 '야야(耶耶)' 하였고, 우리나라를 가리켜 물으니 고려(高麗)라 하고, … 중원(中原)을 가리켜 물으니 혹 대명(大明)이라고도 하고 대방(大邦)이라고도 하였으며, … 정동(正東)을 가리켜 물으니 일본(日本)이라고도 하고 낭가삭기(郎可朔其)라고도 하였는데, 이어서 가려는 곳을 물으니 낭가삭기라 하였습니다. … 그들 중에는 코로 통소를 부는 자도 있었고 발을 흔들며 춤추는 자도 있었습니다."

하멜 일행이 한양에 왔을 때 구경꾼이 몰려와 길을 다닐 수가 없었다고 했다. 하멜은 이렇게 기록했다. "우리는 매일 많은 고관들로부터 부름을 받았으며 그 이유는 그들과 부인들 그리고 아이들이 매우 신기한 눈으로 우리를 바라보았기 때문이었다. 또 제주도 사람들이 우리 생김새가 사람보다는 괴물처럼 생겼다는 소문을 퍼뜨렸기 때문이기도 했다. 우리가 무언가를 마실 때는 코를 귀 뒤에 돌린다는 말까지 있었다.”

지난해 해양수산기록 전공 학생들과 하멜의 흔적을 찾아 네덜란드로 갔다. 호린험(Gorinchem)까지 가는 길은 쉽지 않았다. 작은 마을의 길바닥에 친절하게 한글 표지판도 있었고, 한글로 ‘헨드릭 하멜 박물관’이라고 적어둔 곳에 도착해서는 이 먼 곳에서 조선까지 온 하멜의 심정을 이해해 보려고 했다. 그곳을 지키던 무심한 안내원은 이곳이 실제 하멜의 집이라는 근거는 없다고 했다. 도자기 몇 점과 하멜이 조선에서는 4, 5세 어린아이와 여자도 많이 피운다고 기록한 담배를 피우기 위한 담뱃대, 콩과 마른 명태와 한복을 전시해 두

네덜란드 호린험의 헨드릭 하멜 박물관에 있는 하멜 조형물

고 있었다. 마당은 한국식 정원처럼 꾸미기는 했다. 입장료를 내고 들어가니 하멜이 제주에 표착하는 영상을 보여주었고 간단한 설명을 곁들였지만, 암스테르담에서 한나절을 걸려 찾아간 곳에 대한 실망감이 컸다.

17세기 당시 네덜란드는 일본과 중국에서 교역권을 인정받아 동양에서 무역을 하고 있었으며, 조선을 다만 중국과 일본 사이에 존재하는 미지의 섬(조선을 섬으로 생각했다)으로만 알고 있었다. 그

개항, 동북아해역 인문네트워크의 시작

러다가 하멜의 보고서로 인해 조선에 관심을 갖게 된다. 네덜란드
는 독자적으로 조선 정복을 기획하고 군함을 동원해 교역권을 얻
기 위해 '코리아호'라는 배를 만들기도 했다.

그러나 일본의 방해로 실행에 옮기지는 못했고 1968년에야 한
국과 네덜란드는 수교했다. 하멜 일행이 왔을 때 관측 기술과 선
박건조기술, 항해술에 대한 관심을 가졌더라면 우리 역사의 큰 변
곡점이 되었을 것이라는 생각을 오랫동안 하게 되었다. (채영희)

동북아 바다, 인문학으로 항해하다

초량왜관과 데지마

초량왜관은 조선 시대 일본인이 입국해 교역하던 동북아 최대 중계무역지이자, 유명한 동래상인의 활동 근거지로 조선 근대화를 이룰 수 있는 기회의 땅이었다.

즉, 일본 근대화의 초석이 된 나가사키의 데지마와 같이, 초량왜관은 조선 시대 외교·경제적 요충지 역할을 수행했던 역사적 장소다. 데지마와 초량왜관은 모두 개항 이전의 외국인 거류지로 문화 및 문물 교류가 있었던 곳이다. 부산의 대표적 관광지인 용두산공원을 거닐다 근처의 부산근대역사관을 견학했다. 그런데 전시물은 우리가 즐거움과 희망을 찾을 수 있는 내용은 거의 없고 우리 선조가 과거에 '당한', 어두운 역사 위주로 구성돼 있어 안타까웠다.

안 좋았던 역사도 충분히 알아야 하지만, 좋고 밝은 역사에 대한 기록도 함께 전시되면 찾는 사람도 기분 좋아질 것이다. 그렇게 하기 위해 우리는 어떻게 해야 할까? 그 해답을 찾으려면 우리의 아픈 역사를 살펴보고 반성할 것은 반성해야 한다.

일본 나가사키 도심의 데지마(出島) 유적지에 있는 데지마 축소 모형. 그 옛날 데지마 모습을 짐작할 수 있다.

비슷한 목적에서 출발

용두산은 조선 시대 초량왜관의 중심에 있던 산으로 숲이 우거지고 소나무가 많아 송현산으로도 불렸다. 용두산은 초량왜관을 둘로 갈랐는데, 관수왜가·재판왜가·개시대청이 있는 동관과 동대청·중대청·서대청이 있는 서관이다. 동관에서는 경제활동을 주로 했고 서관에서는 외교활동이 주로 이뤄졌다. 초량왜관 부지는 약 33만㎡(10만 평) 정도로 1675~1678년 3년에 걸쳐 연인원 약 125만 명이 투입돼 만들어졌다. 여기에 대마도주의 허가를 받은 500여 명의 일본 남성이 살았다.

외국인 거류지로서 데지마와 초량왜관의 설립 목적은 두 나라 모두 자국 사회를 보호하기 위함이었다. 애초 데지마는 그리스도교 포교를 막고 무역 활동을 하기 위해 포르투갈인을 한정된 지역에 수용하고 감시하려는 곳이었다. 그러나 1639년 그리스도교 포교 활동을 하는 포르투갈인을 추방하고, 1641년 히라도에 있던 네덜란드 동인도 회사의 상관을 이곳으로 옮겨 네덜란드인이 살게 했다. 초량왜관은 노략질하는 일본인을 통제할 목적으로 거주지를 일정한 지역에 한정해 조·일 양국인의 사적인 접촉을 막고 군사적으로 안전을 도모하기 위함이었다.

1만 3000㎡ 넓이의 데지마

조선 시대에 일본 측의 연례송사나 차왜(差倭)가 조선의 예조참판, 예조참의, 동래부사, 부산 첨사에게 줄 외교 문서를 가지고 왔다. 일본 사절은 상경(上京)이 금지돼 있어 한양에 가서 국왕을 직접 만날 수 없었기에 초량객사에서 조선 국왕에게 숙배례하는 외교 의례를 거행했다.

무역업무는 매월 3일과 8일, 월 6회 개시대청에서 이뤄졌다. 양국 거래는 개시(開市)뿐 아니라 조시(朝市)도 있었다. 개시에서는 왜관 체류 대마도인과 조선의 역관, 동래부 관원, 특허상인 등 많은 조선인 사이에 교역이 이뤄졌다. 대마도인은 주로 면사·인삼·쌀을, 조선인은 은·유황·서양 물품을 구입했다.

조시는 매일 수문 밖에서 열렸는데 왜관 가까운 곳에 거주하는 부산진과 초량촌 상인이 많았다.

반면, 데지마는 1만 3000m²(약 4000평)으로 일본인과 네덜란드인의 접촉이 제한됐지만, 자연스럽게 이문화 교류가 이뤄졌다. 상관조직은 상관장을 포함하여 대략 10~15명 정도였다. 상관장은 상관을 관리하는 업무도 중요했지만 연 1회 에도참부(江戸參府·에도 막부에 갔다가 돌아옴)와 나가사키 봉행소(奉行所)를 방문해 원활

개항, 동북아해역 인문네트워크의 시작

한 무역을 위한 현상품 증정도 중요 업무였다.

난학, 일본 근대화의 초석이 되다

데지마는 네덜란드인에 의한 상업·무역 활성화, 서양문화·학문·정보 제공 등으로 일본 사회에 기여했다. 특히 일본 근대화의 초석이 되는 난학(蘭學)은 데지마 덕분에 싹이 트고 활성화됐다. 반면, 초량왜관에서도 조선인과 일본인의 상업적 무역은 활성화됐지만, 새로운 학문을 본격적으로 유입하거나 바깥세상의 기술·문물을 수용해 사회를 변화시키려는 노력은 부족했다고 본다. 또한 조선 조정의 통제와 관리가 미흡해 밀무역, 매매춘, 빚 등 부정적 요소가 많았다.

근대화에서 주요한 역할을 하는 학교 설립과 운영에서도 많은 차이점이 나타났다. 데지마에 파견된 네덜란드 의사였던 지볼트(1796~1866)는 나가사키 근교에 나루타키학원을 개설해 일본인에게 의학, 과학, 조사·관찰 방법, 기구 사용법 등을 가르쳤다. 지볼트에게서 계승된 난학과 과학은 일본 근대화에 크게 기여했다.

초량왜관에는 조·일 양국의 우호에 이바지한 인물로 평가되는 대마도의 일본 유학자 아메노모리 호슈(雨森芳洲·1668~1755)가 있었다. 그는 초량왜관에 살면서 조선어를 습득하고, 조선어 학습서 『교린수지(交隣須知)』를 편찬했다. 그의 제안에 따라 1727년 통역인 양성기관 '한어사(韓語司)'가 설치됐다. 그러나 이런 흐름은 이어지지 못했다. 일본 메이지 정부는 1872년 대마도 이즈하라의 코우세이지(光淸寺)에 '한어학소(韓語學所)'를 설치했다. 메이지 정부가 설치한 최초의 한국어 교육기관이었다. 이 한어학소는 1873년

초량왜관을 그린 옛 그림

부산에 있던 초량공관 내 첨관옥으로 이전되어 외무성 '초량관어학소(草梁館語學所)'로 개칭됐다. 초량관어학소는 일본 정부의 조선 진출에 필요한 통역사를 양성하는 정치적 성격을 띠고 있었으므로 조선에 관한 교육이 이뤄졌지만, 조선을 위한 연구나 교육은 아니었음을 알 수 있다.

다양성 숨 쉬는 튼튼한 나라로

개항 후 운명도 다르다. 데지마가 위치한 나가사키 등은 일본인이 주체적으로 일본 사회에 맞는 인프라를 구축했다. 초량왜관은 개항으로 명칭이 일본전관거류지로 변경됐고, 그 주변 지역은 조선인이 아닌 일본인에 의해 일본 식민지 전략에 맞는 시설이 구축됐다.

이처럼 유사한 시기 비슷한 외국인 거류지이지만, 데지마의 경

개항, 동북아해역 인문네트워크의 시작

우는 네덜란드 상관에 의해 자연과학, 의학 등 네덜란드 지식체
계가 일본인에게 전달되는 과정을 거치고 그 속에서 이문화 교류
가 이루어져 일본의 근대화에 큰 영향을 끼쳤다. 초량왜관에서는
조선과 일본인들 사이에 외교 및 무역활동은 활성화됐지만, 근대
화에 필요한 자연과학 등의 지식체계 전달은 부족했다고 할 수
있다.

또한, 개항 이후에도 우리는 일본에서 근대화에 도움이 되는 서
양의 과학기술 등을 수용하지 못했고 조선은 식민지화됐다. 그 원
인은 다양하겠지만, 조선의 근대화를 위해 발달된 외부의 문명과
문화를 받아들이고자 조선이 얼마나 적극적인 노력을 하였는가
하는 점을 중요한 요인으로 꼽아야 한다. (공미희)

2장
동북아해역을 왕래한 지식인

복음을 위해
바다를 건넌 선교사들

머나먼 뱃길을 따라 동북아해역에 도달한 서양인들은 상인만이
아니었다. 하느님의 말씀을 동아시아인들에게 전파한다는 일념으
로 고난의 항해를 마다하지 않은 이들이 있었으니 바로 선교사들
이다. 동북아해역에 아직 남아 있는 서양인의 흔적, 상관(商館)이
나 묘지 외에 가장 많은 것이 종교 관련 유적일 것이다. 그런데 이
유적들은 마냥 과거의 흔적으로만 있는 것이 아니라 아직도 살아
있다. 왜냐하면 서양 선교사들의 동양 전도에 대한 꿈은 아직도
진행형이기 때문이다.

복음을 전하러 동북아 바다로

가장 먼저 동북아해역에 도착해 동아시아 선교의 시작을 알린
이들은 천주교의 예수회 선교사였다. 프란치스코회나 도미니코회,
베네딕토회 등 많은 천주교 선교단체가 동아시아 선교를 목표로
했지만, 예수회가 그 선교의 선봉이 된 것은 예수회 탄생 배경과도

관련이 깊다.

1540년 수도회로서 로마교황청 인가를 받은 예수회는 전통적인 수도회가 내세우는 삼대 서원(誓願)인 청빈, 정결, 순명 외에 구원과 믿음의 전파를 위해 맡겨지는 교황의 파견 사명 즉 선교를 지체없이 수행하겠다는 네 번째 서원을 받는다.

이렇게 예수회에 의해 선교가 천주교의 목표가 된 것은 종교개혁의 물결에서 가톨릭교회를 지키려는 움직임과도 맥이 닿아 있다. 또 예수회를 이끈 수사 이냐시오 데 로욜라는 전직 군인이었는데, 이러한 점이 선교라는 목표를 위해 물불을 가리지 않는 저돌성을 갖게 했다. 게다가 예수회 활동은 바로 종교개혁의 불길에서 자체적으로 천주교의 신앙적 혁신을 기도한 포르투갈, 스페인, 북이탈리아 등지의 종교 단체들이 주축이 되었다는 사정도 있었다.

일본 규슈 가고시마에 있는 하비에르 내항기념비. 예수회 소속 성 프란치스코 하비에르 신부는 1549년 이곳에 도착했다.

대항해시대를 맞아 포르투갈과 스페인이 활발히 아시아 지역으로 진출했던 것과 예수회의 동아시아 선교는 궤를 같이했던 것이다. 그래서 예수회의 세계 판도는 이 두 나라의 무역과 연관된 지역을 포괄한다.

처음 아시아에서 예수회 선교의 거점이 된 곳은 인도였다. 포르투갈이 1513년 고야를 점령했기 때문인데, 이곳을 토대로 동북아 해역에서 예수회 선교사가 가장 먼저 들어간 곳이 바로 일본이었다. 1549년 예수회 소속 성(聖) 프란치스코 하비에르 신부가 규슈 남부 가고시마에 도착하면서 시작된 동아시아 선교는 궁극적으로 중국 선교를 목표로 했다. 하비에르 신부가 일본을 떠나 1552년 광둥성 앞 상촨도(上川島)에 상륙해 중국 선교를 시도한 것은 이런 인식에서였다. 이후 광둥성에 정착해 중국 선교를 모색했지만, 번번이 실패하던 예수회는 1601년 마테오 리치 신부가 만력(万曆) 황제로부터 베이징 선무문(宣武門) 안에 천주당(天主堂)을 세워도 된다는 허가를 받으면서 길이 열렸다.

동아시아 선교네트워크 속 조선

현재 동아시아 국가 가운데 가장 기독교세가 강한 한국에서 사실 서양 선교사의 입국도 없이 천주교회가 설립된 것은 재미있는 대목이다. 개신교가 해방한 것 가운데 하나가 바로 하느님과의 소통을 반드시 신부를 통해야 한다는 천주교의 교리인데, 그런 점에서 신부나 선교사도 없이 교리서만을 읽고 또 베이징 주재 예수회 선교사들과 서신 왕래만을 통해 한국 천주교회가 설립된 것은 아이러니하다. 여하튼 1782년, 바로 이 천주교회의 설립을 지금까지

동북아 바다, 인문학으로 항해하다

한국 천주교의 기점으로 삼고 있다.

그런데 이에 대해 1592년을 기점으로 삼아야 한다는 주장도 제기됐다. 이는 임진왜란의 발발로 스페인 신부 그레고리오 데 세스페데스가 고니시 유키나가(小西行長)의 개인적 초청에 따라 조선에 입국한 사실을 근거로 든 것이다. 예수회 신부들은 적어도 1580년까지 일본의 한반도와 중국 침략 가능성을 알고 있었다고 한다. 하비에르 신부가 떠난 뒤 급격히 천주교가 성장한 일본에서의 포교를 지원하고 있던 오다 노부나가가 루이스 프로이스, 알렉산드로 발리냐노, 솔도 오르간티노 신부에게 중국과 조선을 정복할 자신의 계획을 소개했는데, 프로이스 등은 전쟁을 통해 목적을 달성하는 것이 바람직하지는 않지만, 노부나가의 계획을 통해 오랫동안 기대해온 중국과 조선 포교도 가능할 것이라고 생각했다.

일부 예수회사들이 오다 노부나가, 도요토미 히데요시의 명나라와 조선 침략 계획을 이용해 복음을 전파할 생각을 한 것은 아메리카 대륙 식민지화가 복음 성공에 중요한 역할을 했다고 파악했고, 그 전례를 동아시아에서 다시 전개하려 했던 것이라 해석할 수 있다. 조선을 통해 중국에 이른다는 예수회의 선교 전략은 100년 뒤에는 반대로 조선을 통해 일본 선교를 달성한다는 방식을 채택하게 된다. 17세기 중반부터 중국 예수회 선교사들은 이전 일본 천주교 선교에 대한 미련을 갖고 꾸준히 일본 상륙을 시도하였다. 어떤 이들은 일본 신도들이 막부의 압박을 피해 만주로 이주했을 것이라 추측했고, 교황청의 일본 복음화 금지령에도 중국에서 활동하던 선교사들은 일본과 중국 교역에 대한 정보를 수집하고, 중국 해변에 위치한 상하이, 닝보, 타이완을 일본 도달의 중요한 곳으로 인식하면서 기회를 엿보았다. 하지만 이러한 시도는 결국 모두 실패로 끝났고, 그들이 찾은 루트는 바로 중국 동북부와 조선을 통해 일본에 접근하는 방식이었다.

그래서 이미 학계에 잘 알려진 1619~1621년 니콜로 롱고바르도 신부, 프란치스코 삼비아시 신부와 서광계(徐光啓)의 조선 선교 시도, 그리고 1644년 요한 아담 샬 폰 벨 신부가 소현세자와 교유한 것은 단지 조선에서의 선교 목표가 아니라 일본으로 진출하기 위한 일종의 수단이 아니었을까 하는 의문도 제기된다. 그렇다면 세계 또는 동아시아 선교 네트워크 관점에서 조선은 하나의 가교였던 셈이다. 예수회 소속 선교사가 임진왜란 시기 잠시 조선에 들어온 것을 제외하고, 실제로 예수회의 국내 활동은 수백 년 뒤인 1954년 시작됐는데, 그 대표적인 성과가 바로 1960년 서강대학교 설립이다.

동서 문명 매개자, 예수회 선교사

예수회는 1605년 베이징에 천주당을 세우고, 천주교라는 이름을 붙였다. 천주교가 서서히 저장성과 푸젠성 등으로 확산됐고 개종자 수도 점차 증가하였다. 이와 함께 조선 땅에 들어온 적이 없는 예수회 선교사들이 전한 한역서학서(漢譯西學書)에 의해 조선에 복음이 전해졌고, 신부가 탄생했으며 신자가 생겼다. 한역서학서에는 교리서 외에도 다양한 서구 근대 학문이 포함돼 있었다. 예수회 선교사들이 이처럼 출판을 통한 복음 방식을 택한 것은 예수회의 특성과도 연관이 있는데, 예수회의 신앙적 지도자들이 대체로 귀족 가문의 인문주의적 교육을 받은 상당한 지적 엘리트였다는 점에서 그렇다. 그들은 당대 유럽 귀족과 군주들의 자제를 대상으로 한 엘리트 교육에 집중하여 개신교가 장악한 독일이나 동유럽에서 가톨릭의 반격을 가할 교두보 확보에 중심적 역할을 했다. 이러한 엘리트 교육 중심 방식은 동아시아에서 유학자와 다이묘 등을 집중적으로 선교하는 데서도 드러난다.

예수회 활동에서 우리가 빼놓을 수 없는 것은 서구 문물 전파와 함께 이들이 해석한 동양 고전이 유럽에 소개돼 유럽의 중국학 붐을 일으켰다는 점이다. 동아시아 복음화를 위해 동북아해역으로 온 선교사들은 이처럼 동서문명 교류의 산파역을 담당했음도 다시 한 번 확인할 필요가 있다. (서광덕)

중국 선교에 힘쓴 예수회 소속 신부 마테오 리치의 초상

동북아해역을 왕래한 지식인

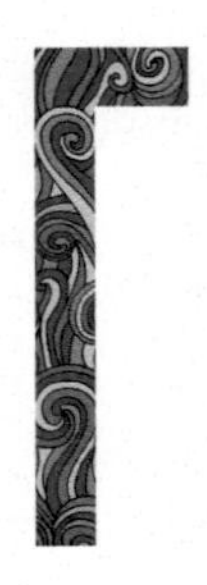

서구인의
동아시아 바다 여행기

우리에게 여행은 현실 너머의 피안(彼岸)이며, 또 꿈의 현현(顯現)이다.

여기서 잠시 200여 년 전 우리 동아시아의 바다로 넘어 들어왔던 한 서양인의 여정을 살펴보자. 우리 현대인이 여행 자체를 단순히 문화 소비로 인식하고 있는 것과 비교해, 그 시기 즉 19세기 전반 동아시아 바다를 횡단했던 한 서양 선교사의 궤적을 살피는 것은 여러 가지 다른 의미가 있을 것이다. 근대적 여행의 문화적 함의가 개인 차원의 경험 축적에만 그치지 않고, 서로 다른 문화 사이의 대화적 성격이 내포돼 있을 뿐만 아니라, 여행의 주체들이 상대방 지역과 문화를 어떻게 이해하고 재구성했으며, 그에 비춰 어떻게 스스로의 정체성을 조정해 나갔는지 살피는 인식적 거울을 제공하기 때문이다.

그 거울의 사례로 19세기 초 중국에서 발행된 최초 영문 잡지 『차이니스 레포지터리(The Chinese Repository)』와 그 안에 실린 「귀츨라프의 중국 동부 해안 탐사기」 같은 글을 들 수 있다.

'차이니스 레포지터리' 네트워크

『차이니스 레포지터리』는 1832년 5월 광저우에서 미국의 개신교 선교사 엘리야 브리지먼(Elijah Coleman Bridgman · 1801~1861)과 사무엘 윌리엄스(Samuel W. Williams · 1812~1984) 그리고 중국 최초 개신교 선교사 영국인 로버트 모리슨(Robert Morison · 1782~1834) 등이 창간해 1851년까지 20년간 출간된 영문 잡지이다. 이 잡지는 당시 광둥을 중심으로 동아시아 지역 서양인 네트워크와 긴밀히 연결돼 있었다. 그 네트워크는 말라카, 싱가포르, 인도차이나반도, 마카오, 타이완, 류큐, 일본, 조선, 중국 동부 해안 등지를 포괄했다. 이 네트워크에는 상인, 외교관, 군인, 선교사, 여행가는 물론 학교나 병원, 교회 등의 사회활동 단체, 영국과 미국의 학술단체와 협회 등이 광범위하게 속했다. 이들은 말라카와 광둥을 거점 삼아 바닷길을 통해 아시아로 진출하면서, 이 잡지를 매개로 백과전서식 정보와 자료를 축적하며 내용을 공유했다. 말하자면, 이 잡지는 여행기나 기사 그리고 다양한 주제의 논문을 통해 이들 지역에 대한 지식 플랫폼의 역할을 담당했다.

귀츨라프 동아시아 바다 탐사

귀츨라프(Charles Gutzlaff · 독일 · 1803~1851)는 선교사이자 관료, 지역 언어 전문가이자 이 잡지의 주요 필진이었다. 그는 문명과 기독교 전파자 역할을 자임하며, 주로 바다를 건너 많은 동아시아 국가의 현지인과 접촉하고 대화한 인물이다. 그는 『차이니스 레포지터리』에 투고한 「귀츨라프, 카알, 1832~33년까지 캔톤성으로부터 만주 타타르의 랴오둥에 이르기까지의 항해 일지: 1832~33」

동아시아 바다를 넘나들며 여행한 귀츨라프가 중국 광둥식 옷을 입은 모습

(1833년 5월)와 같은 여행기에 동아시아 바다에서 본 풍경을 생생하게 기록했다.

귀츨라프는 동아시아 해역을 세 차례 탐사했다. 1차는 1831년 6~11월, 2차 1832년 2~9월, 3차 1832년 10월~1833년 4월이었다. 그 가운데 두 번째 여정에서 조선에 발을 내디딘 흔적이 충남 보령 앞바다의 고대도(古代島)에 교회와 기념관으로 아직 남아 있다. 그는 1832년 7월 17일 장산에 도착한 뒤 22일 녹도 근해를 거쳐, 26일 고대도에 닻을 내린다. 또한 조선 관리를 통해 외국인으로서 처음 조선 국왕에게 정식 통상을 원하는 서한을 보내고 한문 성경을 비롯해 26종의 책과 서양 물품을 진상하도록 전달했다.

그리고 그 답을 기다리는 동안 고대도에서 주민에게 한문 성경과 전도 문서, 서적과 약품을 나눠주었다. 감자 재배법과 포도주 만드는 법도 전수하면서, 주기도문의 한글 번역을 통해 한글 자음과 모음을 학습한다. 이 시기 배운 한글 정보는 『차이니스 레포지터리』에 기고돼 유럽인에게 처음으로 전파된다. 이 같은 접촉 상황은 여행기의 한 문장 한 문장에서 매우 생생하게 재현되고 있다.

귀츨라프가 『차이니스 레포지터리』 잡지에 실어 유럽인에게 처음으로 소개한 한글

'장원양우상론(張遠兩友相論)'

여행기에서 우리가 다시 눈여겨볼 만한 대목이 있다. 낯선 동아시아 바다와 벌이는 사투의 생생한 스케치뿐 아니라 바이터우촨이라 불린 중국의 정크선(junk)에 현지 언어로 번역한 『기독교 간이 교리서』를 가득 싣고 항해하며 현지인과 만나는 풍경이다. 귀츨라프가 중국 저장성 저우샨(舟山)군도 해안의 한 사찰에 올라 불교 승려와 나눈 대화를 묘사한 대목에서는 그가 해당 지역 언어에 얼마나 능통했고 또 문화적 수용력의 기초가 얼마나 단단했는지 알 수 있다.

"사람들이 몰려들어 우리를 쳐다보느라 정신이 없었지만, 그 가운데 다수 지적인 이들은 우리가 나누어준 책을 유심히 봤다. 우리가 나누어 준 책 가운데 가장 인기 있는 것은 그리스도교도 장(張)씨와 무지한 이교도 원(遠) 씨 사이의 대화를 기록한 책이다. 이 작

동북아해역을 왕래한 지식인

품은 애도해 마지않는 고(故) 밀른 박사의 것으로, 매우 적확하고 올바른 주장을 담고 있으며 내내 중국인 독자들 사이에서 인기 있는 책이었다.”(『귀츨라프의 여행기』) 이 책이 바로 조선에도 한문 문장으로 전해진 기독교 교리서 『장원양우상론(張遠兩友相論)』이다.

낯선 문화를 대하는 자세

미국의 여행문학 전문가 메리 루이스 프랫은 『제국의 시선』에서 근대 시기 식민지나 반식민지에 대한 여행기는 “유럽의 독자들에게 일종의 소유라는 감각, 그러니까 탐험되고 침략되고 투자되고 식민화되고 있는 세계의 저 먼 지역을 소유하고 명명할 권리와 그것들에 대해 잘 알고 있다는 감각을 심어줬던 것이 사실”이라 말하며 “그 책들은 호기심, 모험심, 흥분 심지어 유럽의 팽창주의에 대한 뜨거운 도덕적 품성을 자극했다”라고 비판한다.

귀츨라프의 여행기 또한 『차이니스 레포지터리』를 통해 전파되면서, 아시아에 관심이 있거나 그 지역을 차지할 수 있을 것이라고 생각하던 당시 유럽 또는 미국의 독자 그리고 현지 활동가에게 전 지구적 차원의 기획에 참여하는 주체의 감각을 제공한 것 또한 사실이다. 따라서 그의 여행은 개인의 종교적 차원을 넘어 배후의 제국주의적 확장 욕망과 완전히 절연돼 있었다고도 말할 수 없다.

그 같은 한계를 인정하더라도, 우리가 다시금 되새길 점은 귀츨라프가 중국 남방 양식 정크선에 싣고 항해했던, 한문으로 번역된 교리서가 상징하는 문화적 확장성이다. 그는 대서양과 인도양, 말라카 해협과 동남아해역을 건너 동북아시아 바다까지 건너오면서 자신들의 콘텐츠를 현지 언어와 문화에 맞게 해 들여왔다. 그가

현지 복장을 즐겨 입고, 중국어는 물론 일본어나 조선어까지 상당
한 수준으로 구사했다는 점은 여행자로서 본질, 즉 다른 문화와
의 대화 가능성에 대해 열린 자세와 자질을 갖추고 있었음을 보여
준다. 그는 바다를 가로지르는 문화 접촉 과정에서 발화자 위치에
맞는 훈련과 대화자의 태도를 유지했다.

　그가 의식적으로 혹은 무의식적으로 가지고 있던 '중간지대·
중간자'의 정체성은 아마도 우리가 지금도 꾸준히 마주하는 문화
적 혼종이라는 낯섦과 어떻게 대화하며, 어떻게 같이 살아갈 것인
지 되묻게 하는 거울이 되어준다. (이보고)

동북아해역과
근대 지식의 수용 · 유통(중일편)

　중국에 서양의 지식이 본격적으로 전래된 것은 16세기 후반 예수회 선교사들의 입국 이후라고 할 수 있다. 전도를 위해서라면 물불 가리지 않고 군인정신으로 달려들던 예수회 선교사들의 동아시아 선교는 자기 종교의 원칙과 규율을 강조하기보다 선교의 현지화 전략을 추구하여 대상이나 지역의 문화를 먼저 이해하고자 노력했다는 점이 특징이다.

중국, 서학을 한자로 번역하다

　이러한 예수회의 선교 전략은 기독교 전도의 측면과 서양 지식 보급이라는 측면에서 특징을 드러냈다. 전자는 성경을 직접 번역하기보다는 교리서를 번역해 피선교인들이 거부감을 갖지 않도록 하는 것이고, 후자는 서양의 신지식 특히 천문이나 역법과 같은 학문을 소개해 지식인들의 관심을 유도하는 것이었다.

　여기서 가장 중요한 것은 '현지어'로 위의 책들을 번역했다는 사실이다. 1601년 예수회 선교사로서 최초로 베이징 거주를 허락받은 마테오 리치의 경우, 원래 1578년 포르투갈 리스본을 출항해 해외 선교에 나섰는데, 처음에 인도의 고아와 코친에서 주로 머물다가 1582년 예수회로부터 중국에서 전교하라는 지시를 받고 마카오에 도착하여 중국어와 한문을 배웠다.

그의 유창한 중국어 실력은 문서선교 즉, 문서로 '하느님 말씀'을 전달하는 일에 큰 도움이 됐는데, 죽을 때까지 베이징에 머물면서 『10가지 역설』, 『유클리드의 기하원본』, 『천주실의』 등 다수의 책을 발표했다. 이미 「곤여만국전도(坤輿萬國全圖)」와 같은 세계지도를 간행해 당시 중국 지식인에게 큰 영향을 주었던 마테오 리치는 중국어로 서학서를 써냄으로써 이후 동북아해역에서 근대 지식의 수용과 유통에도 큰 역할을 했다. 예수회 선교사들이 중국어를 배운 목적은 일차적으로 중국 선교를 위한 것이었겠지만, 이를 토대로 보급한 서양의 지식은 중국만이 아니라 당시 조선이나 일본에도 전해졌기 때문이다.

이런 근대 지식의 수용은 당시 조공 시스템에 의해 유통이 원활했고, 동아시아 지역의 중세어에 해당하는 한자로 표기됐다는 점이 크게 작용했다. 이른바 '한역서학서(漢譯西學書)'가 16세기 이후 동북아해역에서 새로운 지식을 태동시키는 중요한 요소로 기능하기 시작한 것이다. 이는 조선에서 '실학'이 태동한 것과도 관련이 있다. 조공사절단을 통해 들어온 한역서학서가 18세기까지 서교(천주교)와 함께 전래돼 영향을 준 것이다. 물론 천주교 탄압 그리고 서교를 서학으로 대치해버린 오류로 19세기 초부터 후반까지 약 70년간 서학 수용은 단절을 겪었고, 그래서 개항과 함께 뒤늦게 근대 지식을 수용하는 길로 나아갔지만, 임진왜란 이후 조선의 서학 전래에서 한역서학서의 역할은 무시할 수 없다.

일본, 네덜란드인을 만나다

한편 일본은 일찍이 포르투갈과 직접적인 접촉으로 서구의 그리스도교와 과학지식을 받아들였다. 하지만 17세기 중반부터 쇄국정책을 시행하면서 나가사키의 데지마에서만 해외교역을 허락했는데, 이 교역에 참가한 유일한 서양 국가가 바로 네덜란드였다. 일본 역시 조선과 마찬가지로 중국에서 간행된 한역서학서를 통해 서양 지식을 수용하고 있었는데, 데지마의 교역을 계기로 네덜란드 상관과 통역사를 통해 직접 서양 의학과 과학기술을 수용하게 되었다.

이렇게 에도 시대 네덜란드를 통해 들어온 유럽의 학문, 기술, 문화 등을 통칭해 '난학(蘭學)'이라 한다. 난학 발달에 한 획을 그은 것은 1774년 의학자 스기타 겐파쿠(1733~1817)가 번역한 『해체신서(解體新書)』이다. 1771년 초 봄 에도(지금의 도쿄)의 한 형장에서 스기타 겐파쿠는 에도에서 근무하던 각 번의 의사인 마에노 료타구, 나카가와 준안 등과 함께 인체 해부를 난생처음 참관했다. 스기타 겐파쿠 등은 이날 이전에 구해놨던 네덜란드 인체 해부서 『타펠 아나토미아(Ontleedkundige Tafelen)』를 가져간다. 그런데 이 해부서에 실린 인체도와 실제 인체 모습이 정확히 일치한다는 사실에 경탄을 금치 못한다. 그리고 곧바로 이들은 해부서를 일본어로 번역하기로 결심한다.

당시 겐파쿠는 네덜란드어를 전혀 몰랐고, 함께 참관한 의사들의 네덜란드어 실력도 극히 초보 수준이었기에, 이 결심은 무모하

동북아 바다, 인문학으로 항해하다

다고밖에 할 수 없었다. 하지만 이들은 불가능에 가까운 일을 성
공시켰고, 약 4년에 걸친 천신만고 노력 끝에 『해체신서』라는 번
역서를 출판했다. 10여 명 동료 의학자와 함께 해부도와 단어 하
나하나를 대조해 가면서 완성한 이 책은 네덜란드어를 일본어로
대치하는 사전 편찬에 기여했을 뿐만 아니라, 이후 외과, 내과, 한
과, 해부학, 생리학, 병리학 등 기초 의학 서적이 일본에 소개되는
계기를 마련했다.

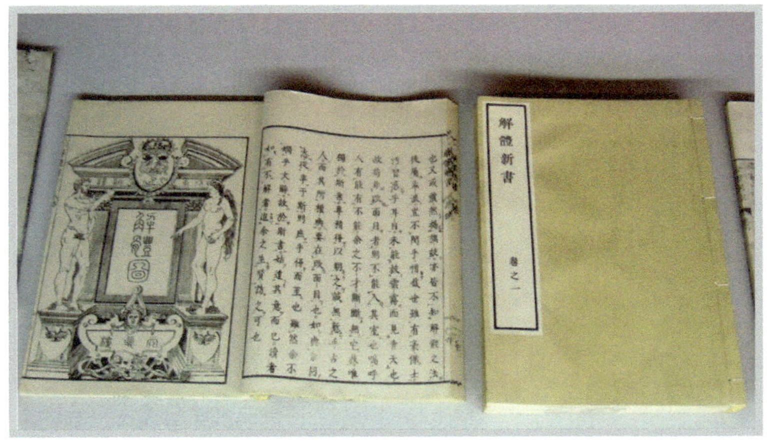

일본 난학의 선구자 스기타 겐파쿠가 동료들과 함께 네덜란드 원문을 일본어로 번역한
『해체신서』

『해체신서』 출간 뒤 서양 의학뿐 아니라 천문, 지리, 수학, 병학,
박물학 등 다양한 분야의 책이 일본어로 번역돼 서양의 새로운 지
식이 일본으로 들어왔다. 난학이 100년 가까이 일본 근대 의학뿐
아니라 과학과 예술, 나아가 교육, 사고방식, 관습 등 일본인과 일
본 사회에 알게 모르게 영향을 미치며 퍼져 나간 것이다. 난학 열

동북아해역을 왕래한 지식인

풍에 불을 지핀 이 책을 동료들과 펴낸 뒤, 스기타 겐파쿠는 본격적으로 난학에 몰두했다. 의사 일을 하면서 난학을 가르치는 사숙인 난학주쿠를 열어 후계자를 양성했다. 난학주쿠는 전국에 우후죽순처럼 생겼고, 난학주쿠 출신 젊은이들은 막부 말기와 메이지 유신 시대에 걸쳐 일본을 변화시키는 매우 중요한 역할을 한다. 겐파쿠는 말년에 『난학사시(蘭學事始)』라는 회고록을 펴냈는데, 난학을 개척한 인물이 직접 기록한 유일한 회고록이자 난학이 어떻게 시작돼 확산·발전돼 갔는지를 잘 보여주는 중요한 자료다.

『해체신서』, 일본을 바꾸다

『해체신서』가 일본 난학뿐 아니라 동아시아의 서양 지식의 수용에서 의미가 큰 것은 네덜란드어를 일본어로 번역한 최초 서적으로, 일본이 중국을 통한 서양 지식 전래에서 벗어나 서양인과 직접적인 접촉을 통해 자신의 언어로 번역했다는 점이다. 이는 궁극적으로 일본인이 서구에 대해 개방적인 인식을 갖고, 근대화를 추구할 수 있는 식견을 갖추는 계기가 됐다.

동시에 이러한 인식은 중화질서라고 하는 당시 동아시아의 지역질서에서 벗어나는 원심력으로 작동했다. 다시 말해 탈아(脫亞·아시아를 벗어남)의 이론적 또는 사유적 바탕이 난학을 통해 확보됐다고도 할 수 있다.

그렇지만 난학 이후 일본이 한역서학서 수용을 금지한 것은 물론 아니다. 19세기 중반을 전후해 상하이를 중심으로 개신교 선교사들과 청 관료 및 지식인이 발행한 많은 한역서학서와 잡지는 막부 말기에 일본에 전해져 큰 영향을 주었다. 이 또한 상하이와 나가사키를 잇는 교역시스템에 의해 가능했다. 이는 아편전쟁을 비롯한 당시 중국 상황을 실시간으로 접하는 통로이기도 했다. 일본은 페리의 내항으로 개국한 뒤 중국을 통한 서학 수용을 줄이고, 또 수용의 채널을 다변화하면서 본격적으로 양학(洋學)의 토대를 갖추어갔다. (서광덕)

동북아해역과
근대 지식의 수용·유통(조선편)

조선의 서학 도입

조선에서 서학의 도입은 1603년 이광정이 마테오 리치가 제작한 한역 세계지도를 갖고 들어온 것을 기점으로 본다면 17세기 초부터 비롯되었다고 할 수 있다. 동아시아에서 17세기는 바다의 시각에서 볼 때 '경합하는 바다'라는 규정이 본격화되었던 시대였다. 이미 16세기에 서구의 대항해시대가 열렸고, 이로 인해 서양인의 배가 명을 중심으로 한 조공·해금체제가 흔들리던 동아시아 해역에 도달했다.

해상(海商)의 활동으로 사람과 사물의 이동이 활발해짐에 따라 동아시아 해역이 세계 규모의 시장과 연결되는 동시에 하나의 중심이 되었다. 다양한 문물의 수용과 유통도 활발해졌다. 이 변화는 특히 중화문명권에서 늘 변방에 위치해 있던 일본으로 하여금 중국 일변도의 문화 유입이라는 상황을 바꾸게 했다.

곧 일본이 임진왜란과 같은 큰 전쟁을 수행하고, 이를 계기로 명나라와 직접적인 교류를 할 수 있었던 것도 바로 동중국해와 남중국해를 배경으로 해상에서 이뤄진 거대한 교역과 문물 교류에서 비롯됐다. 동서양 해상의 무역을 바탕으로 한 이처럼 큰 이동과 교류의 시대를 조선은 당시 중국으로 간 조공사절단을 통해서 맞이했다. 소위 조선의 서학 수용은 예전처럼 단지 중국을 경유해서 이루어졌던 셈이다.

성리학이 박물학을 누르다

이렇게 들어온 서학은 조선에서 새로운 바람을 일으켰다. 17세기 중엽 청나라 건국 뒤 청의 선진 문물을 수용해 조선을 개혁하자는 주장을 펼친 북학(청학)이 등장했다. 이 북학은 청국에 대한 실제적 연구와 당시 청국에 들어온 서학의 수용을 바탕으로 전통한학을 상대화할 수 있었다. 또 북학에 이어 18세기에 등장한 실학은 이용후생을 제창함으로써 무역과 상업을 발전시켜 국가재정의 발전과 국민생활의 개선을 도모하고자 했다. 북학이나 실학은 모두 중국을 배우는 학문이지만, 다른 한편으로는 중국을 통한 서구 학문의 수용이었다.

그런데 두 학문은 서구를 특화시켜 일반화하지 못한 채 서학을 단지 조선의 개혁을 위한 또 하나의 중국 신학문으로 받아들였다. 이 점은 18세기 조선 근대화의 한계라고 지적하지 않을 수 없다. 사실 서학은 천문, 역법, 지리, 의학, 종교 및 자연과학에 이르기까지 범위는 대단히 넓다. 그런데 실학자들조차도 종래의 유학 곧 성리학을 상대화하는 데 중국에서 들여온 서학의 일부를 사용했을 뿐 자연과학과 기술 분야에 해당하는 서학에는 눈이 가지 않았다. 이는 박물학에 대한 관심이 현저히 떨어졌던 것과도 관련

된다. 당시 조선 유학자들은 다양한 사물에 대한 호기심이 대체로 부족했던 듯하다.

서학(西學)에서 서교(西敎)로

그리스도교는 조선에 전래되어 많은 신자를 배출하였다. 조선의 그리스도교는 꾸준히 성장하였는데, 한글본 성경이 만들어지는 등 조선 정부의 수차례 박해에도 불구하고 교세는 꾸준히 확대되었다. 이러한 확장을 두고 한국 근대화의 뒤처짐을 일본과 비교하면서 서학이 서교로 대치되었던 데 기인한다고 비판한 역사학자도 있었다. 해상과 '근세국가'가 동아시아에서 공생하는 이른바 '공생의 바다'에 돌입한 19세기 초에 오히려 조선은 약 60년간 서학 수용의 암흑기를 맞이한다. 그렇지만 그리스도교는 조선 정부와 보수층의 반대와 탄압에도 불구하고 프랑스를 비롯한 다양한 선교단체의 활동으로 뿌리를 내려갔다.

형이상학적인 측면에서 서학 가운데 그리스도교의 조선 포교는 조선의 유학자들이 추구한 성리학이라고 하는 하나의 이데아 속에서 겹치고 틀리고 하는 인식론적 과정의 산물일 수도 있다고 생각해볼 수 있다. 그리고 이러한 전통은 현재까지도 강하게 남아 있다. 이처럼 관념적이고 이론적인 측면에 집중하는 유학자들의 사고가 거꾸로 박물학적 관점에서 토착적인 지식의 생산 그리고 이와 관련된 서학의 수용을 더디게 했던 원인이었을지도 모른다.

상하이와 한역서학서

서교가 아닌 서학으로 복귀하는 것은 1880년대에 와서야 가능해지는데, 서학의 주요 수입 대상 역시 중국이었다. 한역서학서를 중국에서 집중적으로 수용하는데, 수용의 주체는 바로 고종을 위시한 관료집단이었다. 그런데 당시 중국의 서학서 출판의 중심은 상하이였다. '상하이 지식네트워크'라고 할 만큼 19세기 중엽 중국에서 서학은 서양선교사 외에 중국인 관료나 유학생 등이 참여한 여러 단체에 의해서 보급됐다.

조선 왕실이 수집한 중국 자료를 소장한 서울의 규장각 내부 모습

처음에는 '모리슨 교육회'와 '중국 실용지식 보급회'를 비롯해 '묵해서관(墨海書館·1844)' 등 개신교 선교사들이 중심이 되어 만든 단체가 주도했다. 이후 1860년대 들어 양무운동의 일환으로 경사동문관(京師同文館), 상해광방언관(上海廣方言館), 강남제조국번역

동북아해역을 왕래한 지식인

관(江南製造局飜譯館)이 설립되어 활동했다. 이외에 사립학교에 해당하는 '격치서원(格致書院 · 1876)', '익지서회(益智書會 · 1877)', '광학회(廣學會 · 1887)' 등이 19세기 후반 중국에서 서학 보급에 종사했던 대표적인 단체나 조직이다. 광학회라는 명칭에서 알 수 있듯이 이들의 주된 목적은 서학의 보급이었다. 그들의 이러한 활동은 일차적으로 중국인을 대상으로 하였지만, 넓게는 '한자문화권' 전체를 목표로 하고 있었다.

조선의 뒤늦은 서학 수용

왕실에서 수집한 자료를 보관하고 있는 규장각을 비롯해 숭실대 기독교박물관 등 여러 곳에 흩어져 있는, 당시 조선에 수용되었던 한역서학서는 어떤 것이 있는지에 대해서는 자세한 검토가 필요하다. 앞선 두 기관에는 1868년 강남제조국 번역관과 여기서 근무한 프라이어(John. Fryer · 1839~1928) 등이 쓴 책이 상당수 보관되어 있다.

프라이어의 책 목록에서 재미있는 부분은 자연과학과 관련된 것이다. 프라이어는 전자기학과 화학의 지식이 실린 『전학도설(電學圖說)』과 『화학감원(化學鑑原)』 등을 한문으로 번역했는데, 이와 같은 서양 과학책은 조선 정부의 지대한 관심을 받아 속속 조선에 유입됐다. 그는 석탄 채굴이나 철광 제조와 같은 기술 분야 책도 집필했는데, 이 역시 조선 정부의 수요에 따라 수입되었다. 또 프라이어는 1876년 월간지 『격치휘편(格致匯編)』(1876~1892)을 창간해 서양의 과학기술을 한문으로 번역 · 소개했다. 이 밖에 서양의 사회과학 지식도 중국을 거쳐 조선에 전해졌다고 한다.

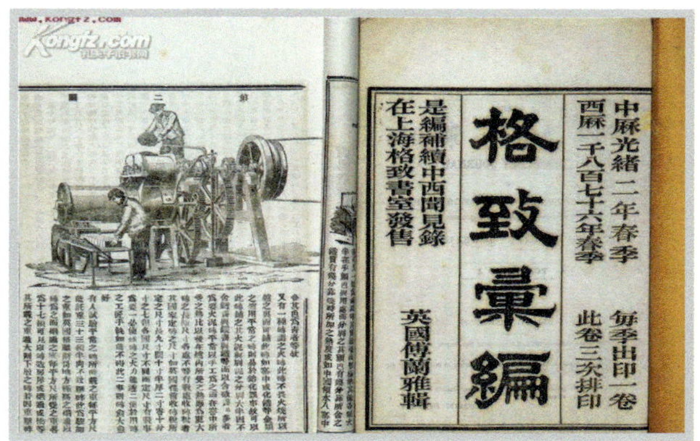

중국 청나라 때 상하이의 강남제조국 번역관에서 일하며 서양 지식을
중국에 전한 존 프라이어가 청나라에서 펴낸 월간 『격치휘편』.

하지만 이런 뒤늦은 작업 역시 오래가지 못했다. 어느 한국 사학자의 말처럼 한국의 근대화에서 서학은 3단계 경로로 전개되었는데, 개항기의 한역 패러다임과 일제강점기의 일본어 패러다임 그리고 냉전 시기의 영어 패러다임이 그것이다. 조선 중엽부터 개화기의 한역서학서 수용과 유통 과정 그리고 일제강점기를 거쳐 해방 이후까지의 상황에 대한 체계적이고 심도 있는 연구가 필요한 때다. (서광덕)

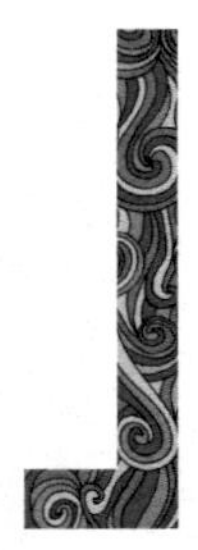

신학문 배우러
바다 건너다

동북아해역, 양무의 파도가 치다

서구 근대 학문이 바다를 건너온 서양인에 의해 동북아해역에 전래된 데에는 특히 서양 선교사의 역할이 도드라진다. 서구 근대 지식은 인문학에서 자연과학에 이르기까지 그 범주가 대단히 넓다. 선교사들은 종교를 전파하는 것이 최상의 임무였지만, 이문화 지역에 이를 보급하는 것이 쉬운 일은 아니었다. 그래서 이들은 신기하고 놀랍고 또 두려워할 만한 것을 같이 소개하여 이목을 끌었다.

이렇게 근대 서양의 문물을 알게 된 동아시아 전통 왕조 국가들은 모두 '양무(洋務)'라는 행위를 거부할 수 없었다. '서양을 배우자'라는 분위기는 19세기 동아시아의 화두가 됐다. 왕조 국가들은 자신의 지배질서를 유지하기 위해 '이이제이(以夷制夷)' 방식을 채택했는데, 이때 서양 오랑캐가 지닌 무기가 바로 그들이 배우고자 했던 것이다. 동아시아 왕조 국가의 지배층이 두려워했고 부러워했던 것이 바로 서구가 지닌 위력이었고, 그 위력은 바로 해군력으로 드러났다.

해군력은 조선, 항해술 그리고 군사기술 등을 망라했고, 또 이 모든 분야는 과학의 토대 위에서 가능하다. 이를 위해 청(淸) 조정은 1860년대에 강남제조총국(江南制造總局), 복주선정국(福州船政局), 천진기기국(天津機器局) 등 군사 및 조선공장을 속속 설립해 서양식 총포와 선박을 생산할 뿐만 아니라, 부설학교를 세워 외국어와 기술을 가르쳤다. 또 군사학교인 수사학당(水師學堂)을 세워 해군을 양성했는데, 중국의 대표적인 근대 문학가 루쉰이 난징에서 다닌 학교가 바로 강남수사학당과 광무철로학당이었다는 사실은 잘 알려져 있다.

상인이 교역을 위해 바다를 건너는 것은 일상적인 생활이다. 하지만 해상 무역을 하는 상인이 아니라면 굳이 바다를 항해할 이유가 없는데, 양무의 행위가 동아시아 각국 정부에서 피할 수 없는 일이 되면서 이제 상인이 아닌 사람들이 대양을 건너기 시작한다. 서양의 군사, 외교, 법률 방면 전문가 그룹(이른바 각 분야의 서양인 고문)이 동아시아 해역으로 건너오고, 반대로 이를 배우기 위해 동아시아인이 바다를 건너 새로운 지식의 본고장으로 향해해 가기에 이르렀다. 드디어 해외 유학이 시작된 것이다. 동아시아인 가운데 처음 구미로 떠났던 이들은 대부분 관료였다. 동아시아 지역 국가의 정부가 외교사절단으로 또는 근대적 개혁을 위한 필요에서 이들을 파견했다.

동북아해역을 왕래한 지식인

대양을 건넌 동아시아 지식인

청말 중국에서 대양을 건너기 시작한 사람 가운데 상인과 관료 외에 개인적으로 구미로 간 이들도 있었다. 중국이 외교사절단 형태로 해외로 사람을 파견하기 시작한 것은 1860년대 중반부터인 반면, 개인적으로 구미로 건너간 것은 그보다 이른 1840년대에 시작됐다. 중국 최초 미국 유학생 용굉(容閎)은 1847년 미국 예일대학에서 공부했다. 1872년에는 중국 학생 30여 명을 데리고 미국 유학을 가기도 했다. 그래서 그는 '중국 유학생의 아버지'라는 별명을 얻었다.

중국 최초 미국 유학생 용굉

이와 같이 개인적으로 바다를 건너 구미에서 선진 학문을 배운 이들은 적지 않게 있었다. 근대 중국의 대표적인 저널리스트 왕도(王韜) 또한 그러하다. 그는 중국 남부에서 오랫동안 광범위하게 진행된 태평천국운동에 동조했다가 청조 관리들의 미움을 사 영국 치하 홍콩으로 도망했다. 그곳에서 스코틀랜드의 학자 제임스 레게를 만나 그의 유교경전 번역작업을 도왔는데, 10년 기간 가운데 레게와 함께 2년간 유럽에 머무르면서 서양 사상과 제도를 습득했다. 1870년 홍콩으로 돌아온 왕도는 1874년 중국 최초 근대 신문 가운데 하나인 『순환일보(循環日報)』를 창간하면서 독자적인 언론 활동을 전개했다.

개인 차원의 해외 방문 외에 이 시기에는 해외에 유학생을 파견하는 일이 제도화된다. 1872년 증국번(曾國藩) 등의 건의에 따라 미국에 매회 30명씩 120명을 파견해 의학, 철도, 조선, 해운, 광산 기술을 배워 오도록 했고, 2년 뒤에는 영국 프랑스 독일에도 유학생을 파견해 제조, 항해, 군사훈련 등을 배워 오도록 했다. 이렇게 아주 일찍 영국으로 파견된 유학생 가운데 한 사람이 바로 중국에 진화론을 소개한 옌푸(嚴復)다. 옌푸는 조선술을 공부하기 위해 영국에 파견되었지만, 이내 영국 행정과 법률체계 및 경제학·사회학에 관심을 갖게 되었고, 1879년 중국으로 돌아왔다.

일본 역시 막부 말기부터 메이지유신(1868)까지 10년간 막부와 번이 각각 사절단(7회)과 유학생 그룹(6회)을 구미로 파견했다. 대부분 막부의 관료이거나 번의 무사들이었다. 모두 홍콩이나 상하이를 경유해 구미로 향해 갔는데, 이 가운데 상하이를 다섯 차례나 경유해 갔다고 한다. 영어 실력을 바탕으로 1860년 첫 번째 사절단에 참가해 미국을 방문하고, 1862년 두 번째 막부 유럽사절단의 일원으로 역시 통역을 담당하면서 프랑스, 영국, 네덜란드, 프로이센, 러시아, 포르투갈 등을 다녀왔던 이가 바로 후쿠자와 유키치다. 이토 히로부미 또한 1863년 조슈(長州)번의 지도자들에게 발탁돼 서양 해군학을 공부하러 영국으로 갔는데, 이것은 옌푸보다 10년 빨랐다.

재미있는 사실은 이토 히로부미는 상하이를 경유하여 영국 상선을 타고 갔던 반면 후쿠자와는 모두 미국과 영국 군함을 타고 홍콩을 경유해 다녀왔다는 점이다. 이토와 후쿠자와에게 당시 경유지인 상하이와 홍콩은 어떤 이미지였을까. 조선의 경우는 1883년 보빙사(報聘使)라는 사절단을 미국에 보낸 것이 처음이다. 이때 파견된 보빙사 가운데 한 사람이 바로 유길준이다.

동북아해역을 왕래한 지식인

노론계 양반 출신으로 과거를 준비하던 유길준이 진로를 바꾼 것은 당시 개화파의 산파였던 박규수의 집을 드나들면서였다. 유길준은 박규수에게서 위원의 『해국도지』를 소개받고 경세에 관심을 갖게 됐고, 이후 실학과 중국의 양무운동과 관련된 서적을 탐독했다. 1881년 고종이 파견한 조사시찰단(朝士視察團, 신사유람단)에 참가하여 일본을 방문하고, 이

조선의 지식인 유길준

때 일본의 문명개화론자 후쿠자와 유키치가 경영하는 게이오의숙(慶應義塾)에서 수학했다. 1883년 귀국하여 7월 보빙사(報聘使) 민영익의 수행원으로 미국으로 건너갔다. 매사추세츠주 세일럼시에서 일본 유학 때에 알게 된 생물학자이며 다윈의 진화론을 처음으로 일본에 소개한 모스(Morse, E. S.)에게 8개월간 개인지도를 받고, 1884년 그 부근에 있던 바이필드의 더머 아카데미에 입학했다. 이렇게 유길준은 우리나라 최초 미국 유학생이 되었다. 그는 갑신정변이 실패했다는 소식을 듣자, 12월에 학업을 중단하고 유럽 각국을 순방한 뒤 1885년 12월 귀국했다. 이런 자신의 유학 경험을 토대로 적은 책이 바로 『서유견문』이다.

동북아 바다, 인문학으로 항해하다

조선, 늦은 근대 지식의 수용

이처럼 조선은 좀 늦었지만, 중국과 일본은 19세기 중반부터 바다를 건너 구미를 방문하여 새로운 문물을 접하고 돌아온다. 여행기를 비롯해 귀국한 이들의 기록은 서양인들이 가져온 자료와 함께 동아시아 근대 지식을 형성하는 데 또 다른 통로가 되었다. 이렇게 수용되고 정리된 중국과 일본발 근대 지식은 다시 조선에 수용되었다. (서광덕)

동북아해역을 왕래한 지식인

기선을 타고
신문물을 배우러 가다

　중국 진시황의 신하 서복이 불로초를 구해오라는 명을 받고, 신선이 살고 있는 바다 속 세 개의 신산(神山)을 찾아 대규모 선단을 거느리고 동쪽으로 떠났다는 이야기는 동아시아 지역에서 널리 전해 내려온다. 이처럼 중국인이 대규모로 동쪽으로 몰려간 일이 근대 시기에 다시 일어났는데, 그것은 바로 1896년 이후 전개된 중국인의 일본 유학붐이다. 유학붐이라 하지만, 그 수가 요즘처럼 많은 것은 아니었고, 처음에는 13명을 선발하여 보냈던 것이 점차 늘어 1902년에는 500명, 다음해에는 1000명, 과거제도가 폐지된 1905년에는 8000명, 최전성기에는 1만 명 아니 2만 명에 육박했다고 알려졌다.

기선 타고 도쿄로

　1902년 유학을 떠난 500명 안에 중국 근대 문학가 루쉰도 포함되어 있었다. 같은 해 1월 강남육사학당(江南陸師學堂) 부속 광업철

로학당을 3등 성적으로 졸업하여 동기생 다섯 명과 함께 일본 유학을 하게 되었던 것이다. 학교가 있던 난징에서 일본으로 출발한 것이 1902년 3월 24일이었고, 요코하마에는 4월 4일 도착했다. 난징에서 요코하마로 가는 길은 우선 상하이로 가서 배를 갈아타야 했고, 또 상하이에서 요코하마로 가는 중에는 시모노세키, 나가사키, 고베를 기항해서 갔는데, 전체적으로 약 열흘 걸리는 여정이었다. 이처럼 난징에서 도쿄로 가는 여정은 배를 두 번 타고 철도를 한 번 타는 경로였다. 난징에서 상하이로 갈 때 루쉰이 탄 배가 오사다마루(大貞丸)다. 상하이에서 요코하마로 갈 때 승선한 배는 고베마루(神戶丸)였다. 요코하마에서 도쿄까지는 이미 30년 전에 건설된 철로를 이용했다. 루쉰의 유학 경로를 추적해보면, 당시 중일 간 해상 교통로와 해운업 상황을 유추해볼 수 있다.

중국의 연안항로와 기선

상하이에서 요코하마까지 가는 데 열흘이 채 안 걸린 사실을 통해 20세기 초 동북아해역의 해상교통이 급속히 발전했음을 알 수 있다. 이를 가능케 한 것이 바로 기선의 출현이다. 종래의 범선을 대신하여 기선이 등장한 것은 산업혁명 이후 증기기관 발명 때문이다. 중국 연해에 처음 출현한 기선은 1835년 영국 상인 자딘 매디슨(이화양행, 怡和洋行)의 자딘(Jardine)호였다. 그 뒤 이화양행은 1844년 해적(Corsair)이란 이름을 붙인 배를 이용해 홍콩~광저우 간을 정기 운항했고, 1850년에는 대영화륜선공사(大英火輪船公司)가 메리우드(Lady Mary wood)호로 홍콩~상하이 간을 운항했다.

1860년대 이전에 이미 상하이에는 20개 이상의 양행이 있었

19세기 중국 상하이와 한커우 사이를 운항한 기창양행의 기선

고, 각 회사마다 한두 척 기선이 있어 장강 무역에 투입하고 있었다. 이후 개항장이 북방과 장강 유역으로 확대되자 외국기선회사가 진출하기 좋은 조건이 형성됐다. 루쉰의 동생 저우쭤런(周作人)이 일기에서 형 루쉰이 상하이로 가는 배를 탈 것으로 알고, 난징의 샤관(下關)으로 가서 태고기선공사(太古汽船公司, 영국의 Butterfield & Swire Co.)와 이화기선공사의 부두를 다 돌아봤지만 형을 찾을 수 없었다고 적은 데서도 당시 구미계 기선회사의 운항 상황을 알 수 있다. 이외에도 상하이와 장강중류 지역 한커우 간을 운항한 기창양행(旗昌洋行, 미국의 Russel & Co.)과 공정윤선공사(公正輪船公司, 영국의 Union Steam Navigation Co.) 등의 기선회사가 운항하고 있었다. 한편 1872년에는 상하이에 중국 기선회사 윤선초상국(輪船招商局)이 설립되고, 구미의 기선을 구입해 근해 항로를 따라 영업에 들어갔다. 이러한 중국연안항로에 일본은 청일전쟁에서 승리한 1895년 이후부터 참여했다. 루쉰이 난징에서 탄 오사다마루는 바로 장

1872년 상하이에 설립된 중국 기선회사 윤선초상국 건물

강(長江)을 가로지르는 중국연안항로를 운항하던 일본 기선회사의
배다.

일본의 해외항로 개척

일본은 1875년에 일본우선회사(日本郵船會社) 전신인 미쓰비시
기선회사가 일본 정부로부터 해외항로 개설을 승인받고, 상하이~
요코하마 정기항로를 신설했다. 상하이~요코하마 항로는 루쉰이
타고 갔던 고베마루가 갔던 바로 그 항로다. 초기에는 매주 1회 정
기항로였는데, 이 항로는 1885년에 설립된 일본우선회사에 의해
계속 운영되었다. 매주 1회 운항이었던 것이 1902년 주 2회 운항
했으며, 투입된 배는 6척에 3000톤 이상이었다. 고베마루는 이 가
운데 하나였다.

동북아해역을 왕래한 지식인

최초의 부관(부산~시모노세키) 연락선인 일기환

　상하이~요코하마 항로는 중국 각지와 연결하는 기간 항로로서 일본이 대단히 중시했다. 일본우선회사는 요코하마~상하이 노선 외에도 중국의 홍콩과 칭다오로의 노선을 개척했고, 이미 나가사키 · 부산 · 원산 · 진포 간과 나가사키 · 고토 · 쓰시마 · 부산 · 인천 간 항로를 매월 1회 운항하고 있었다. 한편 일본우선회사와 함께 일본해운업계의 양대 축을 형성한 오사카상선주식회사는 1884년에 출범했다. 출범 당시 본사는 오사카에 두고 나가사키 등 6개 지점을 개설했다. 1890년 봄 오사카상선주식회사는 부산에 지점을 설치하고, 1890년 7월부터 오사카와 부산 사이에 기선 1척을 정기 운항했으며, 1893년에는 오사카~인천 항로를 개설하였다. 따라서 루쉰이 난징에서 탄 배는 오사카상선회사 또는 일본우선회사의 배 가운데 하나였을 터이다. 부산과 일본의 부관연락선은 1905년에 산요기선회사에 의해 개통되었다.

도쿄 지식네트워크의 형성

19세기 중반 동북아해역에서 속도와 안전 면에서 월등한 기선의 시대가 열린 이후 한중일 그리고 동남아시아에 형성된 정기항로는 같은 시기에 일어난 일본 유학붐을 뒷받침하며 도쿄를 새로운 동아시아 지식네트워크의 중심도시로 만들었다. 특히 조선과 중국인의 도쿄로의 유학붐은 1890년대 중반 이후 본격적으로 이뤄졌다. 청나라가 일본 유학을 정부 차원에서 권장한 것은 청일전쟁의 패배가 계기가 되었다. 서양 유학을 통해 서구의 선진 문물을 배우고자 노력했지만, 같은 시기 서양을 배운 일본에 서구식 해군으로 패전하면서 일본의 선진 문물 수용의 비밀을 알고 싶었던 것이다. 그래서 도쿄는 일본화된 서구문물을 배우는 지식과 정보의 보고이자, 이를 배우러 몰려드는 유학생들로 인해 근대 초기 동북아해역 지식네트워크의 중심이 됐다.

당시 도쿄에는 한중 유학생 외에도 1892년 일본을 방문한 인도의 종교지도자 스와미 비베카난다의 추천으로 온 네팔 출신 유학생 8명을 시작으로 1905년에 약 70~80명의 인도 유학생이 있었다고 하며, 프랑스 식민지 베트남에서도 독립운동의 성격을 띤 일본 유학붐이 있어 약 200명의 유학생이 와 있었다고 한다. 이렇게 도쿄에 모인 유학생들은 아주화친회(亞洲和親會) 같은 아시아연대 단체를 만들어 활동하기도 했다. 이것은 러일전쟁의 승리로 인해 일본에 대한 관심이 급부상하는 등 여러 가지 요인에서 기인했겠지만, 남양항로를 포함한 중국과 일본 등의 다양한 정기항로 개설이 한몫했다고도 할 수 있겠다. (서광덕)

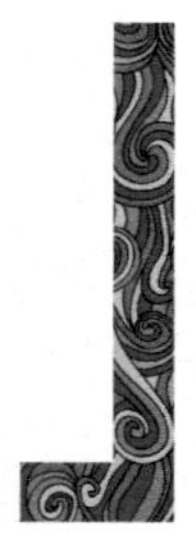

일본으로 간
조선의 수신사

1876년 2월 조일수호조규(강화도조약) 체결 협상 과정에서 일본의 요청으로 조선은 그해 5월 22일 김기수(1832~미상)를 정사로 한 76명의 사절단을 일본에 파견했다. 대마도 등지를 거치며 문물을 전해주던 통신사와는 달리, 문물을 받는 입장이던 수신사는 부산항에서 일본의 증기선 황룡호(黃龍號·고류마루)를 타고 대마도에 들르지 않고 바로 시모노세키로 가서 1박 하고, 고베를 거쳐 29일 요코하마에 도착했다.

요코하마에서 기차를 타고 도쿄 신바시역까지 간 조선사절단 일행은 가마대의 호위를 받으며 숙소인 엔료칸(遠遼館)에 도착했다. 증기선과 기차라는 근대적 교통기관을 이용해 출발한 지 일주일 만에 도쿄에 들어섰다.

김기수의 『일동기유』

조선의 고종은 '문명개화'를 표방한 일본에 관해 비상한 관심

을 갖고 있었다. 고종은 김기수의 제1차 수신사가 세밀한 관찰을
해서 돌아오기를 기대하고 있었을 것이다. 일본 측은 조선의 사절
단을 후하게 대접했고, 두 나라가 제휴할 필요성을 분명하게 조선
측에 드러내며 그들이 거둔 개화의 성과를 내보였다. 이는 전통적
으로 유대 관계가 깊은 청나라보다 일본과 관계를 긴밀하게 맺으
라는 강한 메시지였다.

제1차 수신사의 방문지는 일본 외무성, 아카사카 임시 황궁, 엔
료칸, 박물관, 히비야 훈련장, 해군사관 기숙사, 육군포병 본창, 공
학 기숙사, 개성학교, 여자사범학교, 도서관(유시마 성당), 원로원
의사당 등이었다. 일본 측 자료에 따르면, 수신사 일행은 조선소와
천연두 의료시설인 종두관도 방문해 구경했다.

김기수가 쓴 『일동기유(日東記遊)』는 수신사의 사행 기록이다.
『일동기유』는 2018년 같은 제목의 한글 번역본(구지현 옮김·보고
사) 등으로 출간됐다. 김기수는 사절단 활동을 마치고 귀국한 다

김기수를 정사로 한 수신사 일행이 일본에 도착한 모습을 그린 그림.
당시 영국 신문에 실린 삽화다.

동북아해역을 왕래한 지식인

음 해인 1877년 황해도 상산 부사로 있을 때 이 책을 정리했다. 모두 4권으로 이뤄졌으며 정치·경제·사회·문화·군사제도와 기계의 편리성 등 다방면에 걸쳐 기록하고 있다.

김기수는 일본으로 출발할 때 처음으로 타 본 증기선 황룡호에 놀랐다고 했다. 1868년에 진수한 황룡호는 617톤의 배였다. 근대식 선박을 처음 접한 김기수가 황룡호의 크기와 모습에 압도된 것은 당연하다. 김기수는 처음 접하는 근대식 기선이 어떻게 작동하는지, 운항 및 유지하기 위한 방안은 어떤 것인지 등에 대해 나름대로 열심히 설명을 듣고 기록하였다. 하지만 당시 근대화된 나라가 아니었던 나라, 조선의 지식인이던 그는 근대식 선박의 필요성을 크게 느끼지 못했던 것 같다.

왜 더 적극적이지 못했을까

또한, 김기수는 요코하마에서 화륜차(기차)를 눈앞에 두고도 기차가 어디에 있느냐고 물을 정도로 기차의 형상에 대해 전혀 알지를 못했다. 그 전에 기차를 본 적이 없었기 때문이다. 그는 기관차, 객실의 구조와 장식 그리고 철로 등에 대해 살펴보고 기록했다. 하지만 그 기록은 일본의 사절단 일행인 타마무시 사다유우가 미국을 방문했을 때 증기기관차를 보고 차량 장비와 용도, 형상 및 작동원리 등을 과학적으로 상세하게 기술한 『항미일록(航米日錄)』의 기록과는 상당한 차이를 보였다.

김기수는 일본 공부성(工部省)에서 전신기가 작동하는 것을 보고 또한 놀랐다. 공부성은 메이지 초기 정부의 관영사업을 통괄하고 일본 산업의 근대화를 추진한 관청이다. 일본에 전신기가 처음

소개된 것은 1854년 미국의
페리 제독에 의해서였다. 미
국의 '흑선'을 몰고 와 요코
하마에 상륙한 페리는 막부
가 외교사절을 맞이하기 위
해 설치한 응접실과 벤텐사
(弁天寺) 경내에 있던 저택
사이 약 1마일 거리에 전선
을 가설하고 시험통신을 실
시했다.

제1차 수신사의 정사로서 1876년 일본을
둘러본 김기수의 사진

그는 전신기의 구성, 기기 배치, 작동 원리 등에 대해서 나름대
로 상세하게 기술했다. 다만, 아쉽게도 이런 근대문물이 어떤 역할
을 하며 왜 전신기가 중요한지에 대해서는 인식하지 못했던 것 같
다. 그래서인지 그런 기술을 조선에 도입하여 활용하겠다는 생각
은 하지 못했던 것으로 추정된다.

처음 경험하는 것에 대해서 모르는 것은 잘못이 아니다. 그러나
배울 기회가 오면 최대한 활용할 필요가 있지 않을까? 김기수는
수신사로서 처음 근대 문물을 접해서 어떻게 해야 할지 잘 몰랐
다. 어떤 연유에서든 일본인이 소개하고 배워가기를 권유했음에도
그런 서양문물이 조선 근대화에 어떤 의미가 있는지 미처 내다보
지 못했다는 점에서 조선 근대화를 앞당길 기회를 놓쳤다고 할 수
있다.

동북아해역을 왕래한 지식인

과거에 비춰 보고 미래 대비해야

일본 측에서는 요코스카에 있는 조선소를 견학하도록 일정을 짰으나 김기수는 병을 핑계로 응하지 않는 등 소극적인 태도도 보였다. 일본의 미국 사절단(万延元年遣米使節團)은 미국의 조선소를 빠짐없이 방문했고 그 경험을 바탕으로 요코스카의 조선소를 건설했다. 그 이후 요코스카 조선소는 주요한 조선소로 성장했다.

김기수는 일본의 근대식 학교도 방문했다. 유학자인 그는 일본의 교육이 공리(功利)의 학문에 지나지 않았다고 기술했다. 일본은 에도시대부터 상품 경제가 발달하면서 경제 활동에 필요한 실용적 지식의 필요성이 대두됐고, 일상과 경제 활동을 하는 데 읽고 쓰고 셈하는 실용적 지식의 필요성이 점차 확대됐다. 그 당시 김기수는 이런 실용적인 학문이 근대의 바탕이 된다는 것을 인지하지 못했다. 이는 결국, 조선의 근대화에 방해 요소가 되었다고 할 수 있다.

수신사는 임무 수행 과정에 일본의 다양한 근대 문화를 견학하고 또 도입하도록 일본 측의 권유를 받았다. 당시 일본은 조선을 일본 쪽으로 끌어들여 청나라나 러시아 세력에 대응하겠다는 의도가 있었을 것이다. 국제 질서의 흐름을 폭넓게 바라보고 어떻게 대응을 할지 고민할 계기를 수신사의 업무를 통해 더 빨리 가질 수 있지 않았을까?

한국은 근대화에 뒤처져 많은 피해와 큰 아픔을 겪은 경험이 있다. 국제 질서가 급변하고 세계적 경쟁이 치열해지는 오늘날, 과거를 돌아보고 내일을 열어갈 교훈을 얻어야 한다. (공미희)

3장
동북아해역의 디아스포라

재일제주인의
고향 사랑과 감귤

새콤달콤한 맛에 손으로 껍질을 깔 수 있는 간편함 그리고 풍부한 영양소로 사랑받는 과일, 바로 감귤이다. 요즘에는 하우스 재배도 많아져 겨울뿐 아니라 거의 1년 내내 먹는 우리의 대표 과일 중 하나이다. 그리고 '감귤 하면 제주도, 제주도 하면 감귤'이다. 누구도 부정할 수 없는 공식일 것이다. 이러한 공식은 언제부터 생겨난 것일까.

제주도에서 감귤이 재배된 것이 정확하게 언제부터인지는 알 수 없으나 11세기에 이미 탐라국으로부터 고려 왕조에 감귤이 진상되고 있었다는 기록이 있으므로 그 이전에 중국에서 전파돼 재배가 시작됐다고 볼 수 있다. 조선 시대에도 진상을 위해 과수원을 만들어 감귤을 재배하였으나, 대량 재배는 아니었다. 일제강점기에는 일본인이 나름 규모가 큰 농장을 개설했지만, 기술과 자본이 많이 필요한 감귤 농사가 조선인에게까지 확대되지는 못했다.

결국 오늘날같이 제주도에서 감귤 농사가 널리 이뤄진 것은 해방 이후, 그것도 4·3 항쟁으로 피폐해진 농촌이 다시 살아나기 시

동북아 바다, 인문학으로 항해하다

작한 1955년 이후부터라고 할 수 있다. 1955년 제주도의 감귤 재배 면적은 18헥타르에 불과했지만, 1964년에는 407헥타르까지 늘어난다.

제주도 색깔을 바꾼 재일제주인

감귤 재배 확대에 기름을 부은 것은 1964년 박정희 대통령의 제주도 방문이었다. 박 대통령은 제주도의 경우 여건이 특수하니 경제개발 5개년 계획의 일반적인 농업 목표, 즉 식량 증산은 염두에 두지 말고 수익성이 높은 감귤 재배에 힘쓸 것을 당부한다. 이를 위해 1965년 '감귤 주산지 조성 5개년 계획'을 수립·시행하여 지원을 시작했으나, 여기서 문제가 하나 생긴다. 감귤 재배를 확대하고 싶어도 감귤 묘목이 없었다. 정부는 물론 감귤 묘목 생산도 장려했지만, 수요를 채우기에는 역부족이었다.

이때 문제를 해결하기 위해 나선 것이 바로 바다 건너 일본에 사는 제주인, 재일제주인이었다. 재일제주인은 1965년부터 감귤 묘목을 기증하기 시작했으며 너무 많은 기증으로 인해 1979년 제한이 이뤄질 때까지 300만 그루 이상이 일본에서 바다를 건너 제주도에 심어졌다. 이는 제주도의 색깔을 바꿨다.

제주도와 오사카를 이은 기선

재일제주인은 과연 누구일까. 식민지 조선에서 먹고살기 힘들어진 조선인은 1920년대 돈을 벌기 위해 일본으로 건너가는 일이 많아졌다. 일본으로 건너가려면 배(기선)를 타야 했고, 기선을 탈 수 있는 지역을 중심으로 일본에 이주하는 조선인이 늘어났는데, 그 중 한 곳이 제주도였다. 부산에서 부관연락선(釜關連絡船)을 타고 많은 조선인이 일본으로 건너갔다는 사실은 비교적 잘 알려졌다. 그러나 제주도 또한 부산만큼이나 일본으로 가는 이동의 중요한 기점이었다.

일본으로 이주하는 제주인이 폭발적으로 늘어난 계기는 1923년 제주도와 일본 오사카(大阪) 사이의 항로 개설이다. 처음 제주도~ 오사카 기선을 취항한 회사는 아마가사키(尼崎) 기선 한 군데였고 기선 한 척을 운항할 뿐이었다.

오사카와 제주도를 이은 기선 기미가요마루, 출처 일본 위키피디아

그러나 점차 횟수가 늘어 1930년대에는 모두 세 개 회사에서 한 달에 10회 제주도를 왕래한다. 사흘에 한 번꼴로 기선이 운항한 셈이다. 제주도에서 오사카로 건너가려면 기선을 하루 꼬박하고 도 두세 시간 더 타야 했지만 제주도와 일본을 직접 잇는 바닷길

은 제주인에게 큰 호응을 얻었다. 1934년 제주도 인구의 4분의 1
에 해당하는 제주도 사람이 일본에 거주하고 있었다는 사실로도
이 바닷길이 얼마나 '핫'했는지 알 수 있겠다.

오사카와 재일제주인의 탄생

일본에 간 제주인이 가장 많이 자리 잡은 곳은 바로 기선이 도
착한 오사카였다. 1930년대
부터 오늘날까지 통계를 살
펴보면 오사카에 거주하는
재일코리안 가운데 40% 정
도는 제주도 출신이다. 오사
카는 1920년대 '동양의 맨체
스터'라 불리며 섬유산업을
중심으로 제조업이 크게 발
달했다. 당시 오사카에는 봉
제공장, 재봉틀공장, 신발공
장 등이 우후죽순 생겼고 이
들 공장은 싼값에 부릴 노동
자가 많이 필요했다. 이 수
요를 메운 것이 바로 제주인
이었다.

일본 오사카에 위치한 이쿠노 코리아타운 전
경, 출처 일본 위키피디아

이른바 3D 업종에서 일하는 것이 얼마나 고됐을지는 쉽게 상상
할 수 있다. 하지만 오사카 생활이 '고생'으로만 가득 찼던 것은 아
니다. 오사카에서도 생활환경이 열악해 '버려진' 곳과 같았던 이쿠

동북아해역의 디아스포라

노(生野) 지역에 제주인들은 모여 살기 시작했고, 고된 일상 속에서도 소소한 즐거움과 따뜻함을 느끼는 커뮤니티를 이뤘다. 이 과정에서 재일제주인의 '제주인'으로서 정체성과 공동체 의식, 유대감이 강해졌다.

물론, 모여 살았기 때문만은 아니다. '제주인' 정체성은 차별의 산물이기도 했다. 일본의 제주인은 '조선인'이자 '섬사람'으로서 이중적인 차별을 겪게 된다. '일본인'에게서는 '조선인'이라는 이유로, '육지 사람' 조선인으로부터는 '섬사람'이라는 이유로 멸시받았던 것이다. 이러한 이중 차별 상황이 제주인으로 하여금 스스로를 '제주인'으로서 명확히 인식하게 했다.

감귤 묘목의 '달콤함'을 고향으로

'제주인'의 정체성을 바탕으로 한 고향 제주도에 대한 그리움과 사랑은 바다를 건넌 감귤 묘목으로 나타났다. 1961년 일본에서는 '재일본 제주개발협회'가 만들어졌다. 이름에 포함된 '개발'이라는 말에서도 알 수 있듯 이 단체는 '육지'보다 상대적으로 낙후돼 있던 제주도의 발전을 위해 재일제주인 유지들이 모여 만들었는데, 그 원동력은 '제주인'으로서 자부심과 애향심이었다.

왜 감귤이었을까. 재일제주인은 상대적으로 감귤 재배가 선진적으로 이뤄지고 있던 일본에 살면서 그 맛과 수익의 '달콤함'을 알았다. 게다가 따뜻한 지역에서 잘 자라는 감귤은 제주도의 온화한 기후에 안성맞춤이었다. 감귤 묘목을 기증하는 것은 바다에서 고기를 잡아주는 것이 아니라 '고기 잡는 법'을 가르쳐 준다는 의미도 있었다. 고향의 삶이 나아지려면 조금 시간이 걸리더라도 꾸준히 수입을 보장하는 산업, 그중에서도 농업 전반을 이끌어 갈 무언가가 필요하다는 생각에 감귤 묘목을 보낸 것이다.

감귤 묘목은 기증받은 뒤 최소 5, 6년은 정성 들여 키워야 비로소 결실의 달콤함을 맛볼 수 있었다. 재일제주인은 이 과정을 지원하고자 감귤 재배 기술을 배울 제주도 사람을 일본 정부의 연수 프로그램에 초청하는 데도 힘썼다.

감귤 묘목은 그리움을 싣고

재일제주인의 노력으로 바다를 건너온 감귤 묘목은 제주도의 감귤 생산량을 획기적으로 늘렸다. 1965년 1000톤 정도에 불과했던 생산량이 1970년 5000톤 가까이로 증가했으며, 1975년에는 무려 8만톤 이상을 생산하기에 이른다. 당시 감귤은 수익성이 매우 좋아 감귤나무 몇 그루만 있으면 자녀를 대학까지 보낼 수 있다 하여 '대학 나무'라 불리기도 했다. 그만큼 감귤이 제주도민의 삶을 윤택하게 만들었다는 표현일 것이다.

우리에게 익숙한 '제주도 하면 감귤, 감귤 하면 제주도'라는 공식 뒤에는 제주도에서 바다를 건너 일본에 정착한 재일제주인의 삶의 역사와 고향 사랑 그리고 그리움이 있다. (최민경)

바다를 건넌 '임진강'

벌써 14년이나 된 '옛날' 영화다. 2005년 일본, 2006년 한국에서 개봉한 〈박치기〉(パッチギ, 이즈츠 카즈유키 감독)는 음악으로 더 오래 기억되는 영화다. 이 영화는 재일코리안 학생과 일본인 학생의 갈등, 화해, 사랑, 성장을 그리는데, 그러한 이야기 사이에 수차례 흘러나오는 노래 '임진강'은 우리에게 재일코리안에 대해 생각해 보게 한다.

영화 속에서 재일코리안 여학생에게 반해 버린 일본인 남학생이 재일코리안 모임에서 합주하며 노래하는 장면과 그 노래를 듣는 재일코리안의 표정이 인상적이다. 슬픔, 그리움, 애틋함, 먹먹함, 편안함 등 다양한 감정이 교차하는 듯한 표정은 '임진강'이 재일코리안에게 특별한 노래임을 말해준다.

'임진강'은 원래 월북 작가 박세영의 시에 작곡을 하여 1957년 북한에서 발표된 노래다. 원곡 가사를 보면 1절은 경기도 출신 박세영이 고향을 그리워하는 내용("임진강 맑은 물은 흘러흘러 내리고/못 새들 자유로이 넘나들며 날건만/내 고향 남쪽 땅 가고파도 못 가니/임진

이즈츠 카즈유키 감독의 영화 〈박치기〉에서 남자 주인공인 일본인 고교생 (왼쪽)이 여자 주인공인 재일코리안 학생과 합주하는 장면

강 흐름아 원한 싣고 흐르느냐")인데, 2절은 남한 경제 사정이 북한보다 열악하다는 것을 은근히 내비치는 구절을 포함한다. 남쪽 땅을 바라보니 "메마른 들판에서 풀뿌리" 캐고 있는데, 북쪽 땅은 "이삭 바다 물결"이 춤춘다는 것이다. 재미있는 것은 이렇게 북한 체제에 우호적인 노래가 정작 북한에서 금지곡이 됐다는 사실이다. 남쪽 땅을 그리워하는 가사가 체제에 만족하지 않음을 나타낸다는 이유였다. 물론 한국에서도 북한 노래라는 이유로 오랜 기간 금지곡이었다.

일본으로 건너간 '임진강'

정작 '임진강'이 더 널리 불리고 인기를 얻은 곳은 바다 건넌 일본 땅이었다. 영화 〈박치기〉는 일본 작사가 마츠야마 다케시(松山

猛)의 자전적 소설 『소년M의 임진강』을 모티브로 했다. 마츠야마는 교토 출신으로 학창 시절 재일코리안 학생과 싸운 일이 많았다고 한다. 물론 싸우고 나서 화해도 하고, 친해지기 위해 축구 시합도 했지만. 그러던 마츠야마는 중학교 시절 우연히 재일코리안 학생을 통해 '임진강'을 처음 듣게 된다.

애절하고 이국적인 선율에 매료됐을까. 마츠야마는 그 재일코리안 친구에게서 받은 악보와 1절 가사를 간직했다가 대학생이 된 후 지인이 속한 포크송 그룹 '더 포크 크루세이더즈'에 전한다. 마츠야마가 1절 가사를 일본어로 번역하고, 2절과 3절은 새롭게 만들어 '더 포크 크루세이더즈'가 공연에서 '임진강'을 부르기 시작했다. 이렇게 탄생한 일본판 '임진강'의 반응은 좋았고, 음반 발매 이야기도 나오기 시작했다. 그런데 일본판 '임진강'의 싱글 음반 발매는 실현되지 못했다.

1968년 '임진강'은 '더 포크 크루세이더즈'의 두 번째 싱글 음반으로 기획 · 제작까지 됐으나 '정치적 배려'를 이유로 발매가 중지된다. '재일본 조선인 총연합회', 소위 조총련에서 이의를 제기했기 때문인데, 왜 이런 일이 일어났는지 이해하려면 해방 이후 일본에 남은 재일코리안의 역사를 잠시 되짚어 볼 필요가 있다.

남북 분단과 재일코리안

1945년 해방을 맞이한 조선인 중 많은 수는 그리운 모국으로 돌아왔다. 그러나 일부는 한반도 정치 · 경제 상황이 어수선한 데다 일본 정부가 반출 재산을 제한하자 상황을 지켜보면서 일본에 머무르는 것을 선택했다. 이들은 어디까지나 일본에 '잠시' 더 머무른다고 생각했고 모국 귀국은 '연기'했을 뿐 언젠가 한반도 땅을 다시 밟을 것이라 확신했다. 이러한 '가까운' 미래의 '명확한' 목표를 실현하기 위해서는 조직화된 활동이 필요했고, 전국 규모 재일코리안 단체인 '재일조선인연맹'이 결성됐다.

1946년 출범한 '재일본조선거류민단'의 활동을 담은 사진이다.

이들은 귀국을 염두에 두고 자녀에게 한글과 한반도 역사 등을 교육하는 일에 큰 열정을 쏟았다. 그러나 한반도를 둘러싼 미국과 소련의 대립이 심화되면서 재일코리안 사회에도 분열이 일어났다. 특히 1945년 12월 말부터 신탁통치 문제가 불거졌고, 그 결과 '재일조선인연맹'에서 우파 성향을 가진 인물들이 대거 탈퇴해 1946년 10월 새로운 조직 '재일본조선거류민단', 오늘날 '재일본대한민국민단'을 만든다. 1948년 한반도 남쪽과 북쪽에 따로 정부가 수립되고 각각 '재일본조선거류민단'과 '재일조선인연맹'을 유일한 재외동포 단체로 공인하면서 재일코리안 사회에는 한반도의 분단 상황이 고스란히 투영되며, 반목과 갈등이 오랜 시간 이어진다.

'임진강'에 담긴 현대사의 질곡

조총련은 바로 이 '재일조선인연맹'에서 이어진 단체이다. 조총련이 노래 '임진강'에 관해 이의를 제기한 내용은 두 가지였다. '이 노래가 북한 노래라는 사실, 작사가 · 작곡가를 밝힐 것'과 '2절을 원래 가사 그대로 번역할 것'이었다. '더 포크 크루세이더즈'가 작사한 2절은 한반도 분단을 안타까워하는 감상적인 내용("북녘 대지로부터 남쪽 하늘로/날아가는 새여 자유의 사자여/누가 조국을 둘로 갈라놓은 것인가/누가 조국을 갈라놓은 것인가")으로, 정치적 색채가 강한 북한 원곡과 사뭇 다르다.

'더 포크 크루세이더즈'가 '임진강' 싱글 음반 발매를 진행한 1968년은 일본과 대한민국의 국교가 정상화된 지 3년 남짓한 시간밖에 지나지 않은 시점이었고, 물론 북한과는 어떠한 공식적 관계 수립이 이뤄지지 않은 상태였다. 이런 때 조총련의 이의 제기가 보도되면서 음반 제작 · 발매를 맡은 회사는 큰 부담감을 안게 됐고 결국 '정치적 배려'로 발매를 중지했다.

재일코리안과 '임진강'

이후 조총련에서는 북한 원곡을 그대로 번역한 '임진강'을 음반으로 내지만, 이는 일본에서 '요주의 가요곡'으로 지정돼 사실상 금지곡이 된다. 그러나 많은 금지곡이 그러하듯 '임진강'도 오히려 강한 생명력으로 퍼져나갔다. 특이하게도 1960년대 말 마지막 절

임진강을 가로지르는 경의선, 출처 일본 위키피디아

정을 불태웠던 일본 학생운동에서도 종종 불렸다. 물론 재일코리안에게도 많은 사랑을 받았다. '임진강'이 특히 재일코리안의 심금을 울린 것은 남쪽 땅을 그리워하는 내용 때문이었을 것이다.

재일코리안의 90% 이상은 대한민국, 즉 한반도 남쪽이 고향인 사람들과 그 자손으로 구성돼 있다. 그러나 이들 중에는 모국의 해방과 분단이라는 역사의 소용돌이에 휘말리면서 조총련에 소속된 사람들도 있었고, 그러한 사람들 입장에서 보면 한반도 분단 현실은 더욱더 안타깝고 쓸쓸했다.

고향에 갈 수 없고, 이국땅에서 같은 고향 사람들과 갈등하며 지내는 현실. 이들에게 '임진강'은 마음을 가장 잘 대변해주는 노래였을 것이다. 그리고 영화 〈박치기〉에서 일본인 남학생과 재일

동북아해역의 디아스포라

코리안 여학생이 '임진강'을 합주하며 부르고 이를 만감이 교차하는 표정으로 지켜보는 재일코리안 모습을 담은 장면은 해방 이후 재일코리안의 역사를 압축하는 것이라고 할 수 있겠다.

요동치는 한반도 정세 속에서 이런 변화는 재일코리안에게 어떤 의미를 지닐까. 아마도 오늘날 '임진강'은 재일코리안에게 다시 한 번 새로운 의미로 다가오고 있지 않을까 싶다. (최민경)

동북아 바다, 인문학으로 항해하다

이름이 들려주는
재일코리안 역사이야기

두 개의 이름

"내가 그의 이름을 불러주기 전에는/그는 다만/하나의 몸짓에 지나지 않았다.//내가 그의 이름을 불러 주었을 때/그는 나에게로 와서/꽃이 되었다."(김춘수 시인의 시 「꽃」의 첫 대목)

교과서에도 실리고 여기저기에서 패러디도 많이 되어 시에 대하여 잘 모르는 사람도 한 번쯤은 들어봤을 구절일 것이다. 이 시에 대해 다양한 이해 방법이 있겠지만, '이름을 부르는 행위'가 누군가를 비로소 의미 있는 존재로 만든다는 해석에는 큰 이견이 없다. 그만큼 어떤 존재를 생각하는 데서 이름이 중요하다는 것인데, 대부분의 사람은 태어난 직후부터 이러저러한 좋은 뜻이 담긴 이름으로 불리기 시작하여 특별한 일이 없는 한 죽을 때까지 그 이름으로 불린다.

그래서 내가 내 이름으로 불린다는 것에 대하여 많은 경우, 별 생각 없이 자연스럽게 받아들인다. 그런데 재일코리안에게 이름은 우리만큼 중요하지만, 자연스러움보다는 치열한 의미를 갖는다.

이를 단적으로 보여주는 것이 본명(本名)과 통명(通名)의 존재다.

본명은 각종 신분증에 공식적으로 기재된 한국식 이름이고, 통명은 일상생활에서 쓰는 일본식 이름인데, 많은 재일코리안이 두 개의 이름을 가지며 함께 쓴다. 왜 재일코리안은 두 개의 이름을 쓰게 된 것일까?

유키사다 이사오 감독의 일본 영화 〈GO〉(2001). 재일코리안 청년의 정체성 문제를 다룬 이 영화에서 주인공은 「로미오와 줄리엣」 구절을 인용해 재일코리안의 고민을 표현했다. "이름이란 뭘까 장미가 다른 이름으로 불린다 해도 아름다운 향기에는 변함이 없는걸!"

창씨개명과 통명

일제의 동화 정책 중 하나로 잘 알려진 창씨개명은 말 그대로 '씨(氏)'를 '만들어 내고(創)', 이름을 바꾼다는 것으로, 조선의 '성(姓)' 대신 일본식 '씨'와 이름을 쓰도록 강제한 제도였다. 이 제도는 많은 반발을 샀고, 관청에 실제로 신고된 일본식 '씨'를 보면 어떻게든 '성'의 흔적을 남기려 한 조선인의 의지를 읽을 수 있는 것도 많았다.

예를 들어 김(金)이 들어간 가네야마(金山), 가네모토(金本), 최(崔)를 두 글자로 나눈 가야마(佳山), 신라의 시조인 박혁거세가 우물에서 태어났다고 하여 '신라(=新)의 우물(=井)'에서 따온 아라이

동북아 바다, 인문학으로 항해하다

(新井), 본관의 옛 지명을 살린 니시하라(西原) 등이 그러하다.(물론 여기서 예로 든 '씨'는 한반도 출신자만의 전유물은 아니며 일본인들도 사용한다.) 그리고 이렇게 만들어 낸 일본식 '씨'는 해방과 함께 한반도에서는 법적 효력을 상실했다.

1940년 경성부청 민원국 호적과에 찾아가 창씨개명을 신청하는 경성부(서울시) 주민들, 출처 한국 위키피디아

하지만 일본에 남은 재일코리안의 경우는 달랐다. 다양한 사정 탓에 해방된 모국에 돌아가지 못한 이들은 '외국인'으로서 관청에 등록 대상이 됐는데, 많은 재일코리안이 등록을 할 때 본명과 함께 일본식 이름을 기재했다.

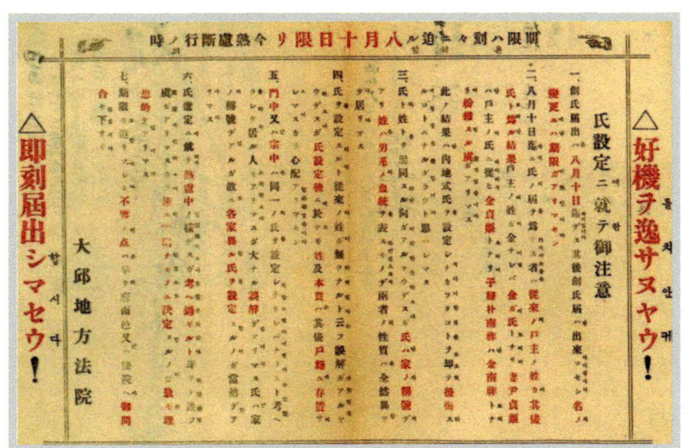

일제강점기 때 창씨에 관한 법원 공고(대구지방법원)
출처 일본 위키피디아

동북아해역의 디아스포라

기재된 일본식 이름은 통명으로서 '법적으로' 등기, 인감 등록 등에 사용할 수 있었기 때문에, 해방 전 일본식 이름으로 각종 거래나 행정 등록을 하였던 재일코리안은 편의를 위해 계속 사용한 것이다.

물론 통명을 사용하는 이유에 편의만 있었던 것은 아니다. 이들에 대한 일본 사회의 뿌리 깊은 차별이야말로 통명을 쓰는 또 하나의 중요한 이유였다. 특히 재일코리안 2세는 태어나면서부터 본명과 통명을 함께 신고할 수 있었는데, 이들의 부모는 일본 사회에서 재일코리안으로 살아가는 것이 녹록하지 않음을 누구보다 뼈저리게 알고 있었기에 통명만을 가르쳐주는 경우도 많았다.

낯선 본명과 마주하기

이러한 이유로 재일코리안 2세 중에는 '뿌리'를 전혀 인식하지 못한 채 유소년기를 보내다가 성인이 되어 어느 날 느닷없이 본명을 마주하는 경우가 생기기도 했다. 물론 본명과 마주한다는 것은 '나는 재일코리안이다'라는 사실과 마주하는 것이기도 했다. 이렇게 마주한 본명이 지금까지의 일상과는 동떨어진 낯설고 어색한 것이었음은 어렵지 않게 상상할 수 있겠다. 그렇다면 재일코리안은 이렇게 마주한 본명과 어떻게 함께 살아왔을까.

1960년대 교육 현장을 중심으로 재일코리안의 이름 문제가 이슈화됐다. 재일코리안 2세 학생들이 본명을 모르거나 감추는 상황에 문제가 있다고 느꼈던 일부 일본인 교사들이 '본명 부르고 쓰기'를 실천하기 시작한 것이다. 이와 같은 움직임은 본명을 숨김으로써 차별로부터 도피하는 것이 아니라 이를 오히려 드러냄으로

써 차별과 마주하고 극복한다는 분명 '좋은' 의도에서 시작된 것이었지만, 재일코리안 당사자에 의한 것이 아니었다는 한계가 있었다.

정작 재일코리안 스스로 이름 문제를 제기하기 시작한 것은 1980년대 들어서였다. 1980년대 이후, 재일코리안은 3세의 시대를 맞이하게 되었다. 재일코리안 3세가 1세, 2세와 가장 많이 달랐던 점은 조부모, 부모의 어깨를 무겁게 했던 역사라는 짐을 조금 덜고 정체성이 다양해졌다는 것이었다. 이들은 '나는 누구인가', '재일코리안은 누구인가'라는 질문을 스스로 적극적으로 던지고 대답하려 했다. 그 대답은 자라온 환경, 교육 경험 등에 따라 다양했으며 이는 이름, 즉 본명과 통명 사용에도 반영됐다.

재일코리안 이름의 다양성

결과적으로 오늘날 재일코리안의 본명과 통명 사용은 매우 다양한 형태로 나타나는데, 크게 다섯 유형으로 나눠 볼 수 있다.

① 한국식 본명만 사용하는 경우이다. 이 경우, 본관에 따라 특유의 돌림자 등을 지키는 모습이 나타나기도 한다. ② 자연스러운 한국식 본명과 부자연스러운 일본식 통명을 사용하는 경우이다. 이 경우, 통명은 일본식 '씨'와 한국식 본명의 이름 부분을 붙이고 일본식으로 읽기 때문에 일본 사회에서 통용되지 않는다는 느낌을 준다. 예를 들어, '경민(勍民)'을 그대로 사용하여 '山本勍民'이라 쓰고 '야마모토 게이민'이라고 읽는 식이다. ③ 자연스러운 한국식 본명과 자연스러운 일본식 통명을 별개로 사용하는 경우이다. 이 경우, 본명과 통명 사이에는 관련성과 유사성이 거의 없다.

④ 부자연스러운 한국식 본명과 자연스러운 일본식 통명을 사용하는 경우이다. 이 경우는 ②와는 반대로 한국식 본명의 '성'과 일본식 통명의 이름 부분을 붙이고 한국식으로 읽기 때문에 본명이 한국 사회에서 통용되지 않는다는 느낌을 준다. 예를 들어, '유카코(友佳子)'를 그대로 사용하여 '김우가자'라는 본명을 만드는 식이다. ⑤ 원래부터 한국식으로도 일본식으로도 통용 가능한 이름을 본명과 통명이 공유하는 경우이다. 예를 들어, 세라(世羅)와 같은 이름이 여기에 해당한다.

이름이 만들고 만들어가는 역사

그렇다면 재일코리안 이름의 미래는 어떠할까. 재일코리안 세대는 벌써 5세, 6세에 접어들었다고 한다. 일본 국적 취득자는 해마다 늘고 결혼 상대도 다양해지며 무엇보다 글로벌화 시대를 살아가면서 다양한 국제적 경험을 하게 됐다. 물론 일본 사회와 모국의 변화도 크다. 과거보다 '다름', '소수자'에 대한 관용이 늘어남과 동시에 이에 대한 역풍 또한 만만치가 않다.

그리고 이러한 재일코리안 스스로와 이들을 둘러싼 사회 변화를 생각했을 때, 앞으로 재일코리안이 본명과 통명을 사용하는 모습은 어쩌면 더욱더 다양해질지 모르겠다. (최민경)

동북아 바다, 인문학으로 항해하다

일본 후쿠오카에서 만나는
재일코리안의 역사

내가 어디에 사는지는 나에게 큰 영향을 미친다. 살아가는 곳의 역사, 지리, 문화가 자연스럽게 삶에 녹아들기 때문이다. 재일코리안도 마찬가지이다. 그냥 한 단어로 재일코리안이라 해도 일본 어느 지역에 사는지에 따라 삶은 매우 다양한 모습을 보인다. 지역은 재일코리안 내부의 다양성을 이해하기 위한 중요한 키워드이다. 그래서인지 최근 지역에 눈을 돌려 재일코리안을 이해하려는 시도를 TV 다큐멘터리에서도 종종 볼 수 있는데, 특히 자주 다뤄지는 지역이 오사카(大阪)와 가와사키(川崎)이다.

오사카는 서일본(西日本)의 중심 도시이고, 가와사키는 도쿄에서 30분 정도 떨어진 인구 약 150만 명 정도의 도시이다. 두 곳 모두 일본 근대화와 고도 성장을 이끈 공업도시로 인건비가 싼 노동자를 많이 필요로 했다. 그 결과 오사카와 가와사키에는 일제강점기 많은 조선인이 공장 노동자로 일하고 거주하기 시작했으며 해방 이후에도 커뮤니티를 유지하여 오늘날에 이른다.

후쿠오카에 주목하다

모여 사는 곳은 주목받기 마련이다. 오사카와 가와사키에는 실제 많은 재일코리안이 거주하고 이들의 네트워크, 사회활동도 활발하다. 그래서 지역을 중심으로 재일코리안을 이야기하려 할 때 단골손님처럼 등장하는 지역이다. 하지만 이들 지역 이외에도 재일코리안의 역사와 오늘날의 삶을 이해하는 데 중요한 지역은 많다. 특히 근현대 동북아 해역을 가로지른 재일코리안의 역동적인 모습을 살펴보는 데는 후쿠오카(福岡)만 한 곳이 없다.

후쿠오카는 부산에서 비행기로는 50분이면 가고 배로 갈 수도 있는 가장 가까운 일본 대도시이다. 2018년 6월 말 기준, 후쿠오카에 사는 재일코리안은 약 1만 2000명으로 오사카(8만 4366명) 등과 비교하면 많은 수라고는 할 수 없다. 하지만 후쿠오카는 한반도와 매우 가깝고 근대 이후 한반도와 일본을 잇는 항로의 출·도착지와도 인접한다는 사실이 이 지역 재일코리안 역사, 나아가 오늘날 삶에 영향을 주었다.

돈벌이는 후쿠오카에서

1905년 부산과 시모노세키를 잇는 부관연락선이 취항하면서 후쿠오카에 유입하는 조선인은 크게 늘었다. 시모노세키항을 통해 일본으로 건너간 조선인들은 일자리를 찾기 위해 대도시로 이동했는데 그중 한 곳이 후쿠오카였다. 후쿠오카는 다른 대도시와 비교했을 때 시모노세키항과 가깝다는 강점을 가진 도시였다. 더는 이동 비용을 들이지 않고 일자리를 구할 수 있는 지역이 후쿠오카였다.

동북아 바다, 인문학으로 항해하다

일반적으로 이주 초기 이민자들은 가진 돈도 적고 활용할 인적 네트워크도 약해 도착한 지역에 그대로 머무르며 일자리를 구하는 경향이 강하다. 재일코리안도 마찬가지였다. 1930년대가 되면 일본 전국으로 이동하는 경향이 뚜렷해지지만, 1920년대까지는 후쿠오카를 비롯해 규슈 지역에서 돈벌이하는 경우가 많았다. 결과적으로 후쿠오카는 1920년 일본에서 가장 많은 조선인이 거주하는 지역이었으며, 1925년에는 오사카에 이어 두 번째로 많은 조선인이 거주하였다.

그렇다면 조선인은 후쿠오카에서 어떠한 일을 했을까. 대표적인 것이 광부였다. 후쿠오카는 메이지유신 이후 일본 산업화에 필수불가결했던 석탄의 주요 산지였다. 많은 노동자, 광부를 필요로 했으며, 조선인이 유입되었다. 조선인은 특히, 채탄 등 갱내작업을 도맡았다. 쉽게 상상할 수 있듯이 갱내작업은 노동환경이 열악하며 사고에 빈번하게 노출되었고, 노동강도가 센 만큼 유동성이 높아 근속기간은 짧았다. 놀랍지도 않지만, 이들의 임금은 일본인 광부보다 적은 것은 물론, 다른 지역에 거주하는 공장 노동자 조선인보다도 적어 전체 재일코리안 중에서도 상당히 궁핍한 상태였다.

귀향의 창구, 후쿠오카

1945년 8월. 일본의 패전은 후쿠오카의 이동성을 극단적으로 높였고 그 중심에는 재일코리안이 있었다. 그 이유는 무엇일까? 바로 후쿠오카, 구체적으로는 하카타(博多)항이 시모노세키와 더불어 귀향의 창구로서 기능했기 때문이다. 물론, 패전의 혼란 속에

동북아해역의 디아스포라

1945년 일제 패망 직후 한반도에서 일본군을 태우고 일본으로 돌아가는 '귀환선'. 이 배가 올 때는 조선인 귀환 동포를 태우고 왔다. 출처 국사편찬위원회 전자사료관

서 재일코리안의 한반도 귀환은 순조롭지 않았다. 고향으로 돌아가는 배를 타고자 많은 재일코리안이 하카타항 근처로 몰려들었지만 정작 성공하는 사람은 얼마 되지 않았다. 그 결과 1945년 12월에는 2만 명 이상의 조선인이 하카타항 근처에서 오도 가도 못하는 처지로 전락했다.

하카타항에 몰려든 재일코리안의 생활은 어떠했을까? 1945년 8월 말에는 이미 하카타항 근처 공원에서 귀향을 희망하는 조선인이 노숙 중이며, 식량 사정이 매우 좋지 않다는 기록이 있다. 매우 궁핍한 생활을 하며 귀향을 기다리고 있었던 것인데, 궁핍을 조금이라도 덜고자 암시장을 만들어 경제활동을 하기도 했다. 재일코

재일코리안이 판잣집을 짓고 살았던 후쿠오카 미카사강

리안의 암시장이 만들어졌던 지역은 하카타만으로 흘러 들어가는 강 하류 일대로, 주변에 판잣집도 다수 세워져 거주공간으로 기능하기도 했다. 이들은 판잣집에서 돼지를 키우거나 밀주를 만들어 암시장에 팔아 생활을 유지했다.

머무름과 변화

한편 1940년대 후반 들어 급변하는 한반도 정세와 콜레라 유행 등으로 귀향을 연기하는 재일코리안이 많아졌고, 실제 이들을 실어 나를 선박의 운항이 자주 중단되기도 했다. 이렇게 귀환을 '미루는' 과정에서 임시 거처 판잣집은 정착지가 되어 갔다. 문제는 고향에 '언젠가' 돌아가기 위해 '임시로' 지은 판잣집은 행정 입장에서 보면 어디까지나 불법 건축물이었다는 것이다. 재일코리안이 모여 살던 지역의 위생, 교육, 교통상 문제점과 이들의 강제 퇴거는 후쿠오카시의 문제로 공론화되기 시작했다.

결국, 1959년 후쿠오카현과 시가 국가 보조를 받고 스스로도 비용을 분담해 인근 지역에 공동주택인 '단지'를 세우고 재일한인을 이주시키는 것으로 결정, 1962년 실행되었다. 이 시점에 오늘날로 이어지는 후쿠오카 재일코리안 커뮤니티의 원형이 만들어진다. 해방 이후 후쿠오카 재일코리안 커뮤니티는 한반도 귀환과 일본 체류가 교차하는 가운데 만들어진 자생적 집주 지역이 이후 도시문제가 되면서 행정에 의해 '단지'라는 특수한 공간에 밀도 높게 '만들어졌다'는 특징을 지닌다.

후쿠오카라는 퍼즐

이처럼 재일코리안의 삶은 다양하다. 그리고 그 다양한 삶을 온전히 이해하기 위해서는 지역별로 여러 가지 빛깔을 보이는 재일코리안의 역사와 오늘에 대한 퍼즐을 하나씩 맞춰볼 필요가 있다. (최면경)

재일한인 역사자료관을
소개합니다

일본 도쿄 신주쿠(新宿)에서 멀지 않은 곳에 미나미아자부(南麻布)라는 곳이 있다. 주변에 각국 대사관과 고급 주택이 즐비한, 도쿄에서도 세련된 지역 중 하나로 알려진 동네이다. 이 동네 한쪽에 조금 이질적인 공간이 존재한다. 바로 '재일한인 역사자료관'이다. 재일본 대한민국 민단(민단) 중앙본부가 들어선 한국중앙회관의 별관에 위치하며 '100년의 역사를 후세에게'라는 슬로건을 내세우고 재일코리안의 역사를 전시하고 있다.

재일한인 역사자료관은 전시공간(실내 · 실외)뿐만 아니라 도서 · 영상 자료실, 세미나실을 갖추고, 재일코리안의 역사를 다양한 자료와 방법으로 소개한다. 웅장하고 화려하다고는 할 수 없지만, 오히려 소박함과 잔잔함에서 나오는 힘이 있다는 느낌을 준다. 재일코리안에 대하여 이야기하는 공간이 도쿄 시내 한복판에 존재한다는 것은 놀라운 일이다. 오랜 기간 일본 사회에서 편견과 차별의 대상이 되었던 재일코리안의 삶이 어떻게 '공공'의 공간에서 전시될 수 있었을까?

일본 도쿄 미나미아자부에 자리 잡은 재일한인 역사자료관의 입구 모습, 출처 일본 위키피디아

시작과 좌절

1980년대 후반에 들어서면서 재일코리안 1세의 수가 급격하게 줄어들었는데, 이 과정에서 이들의 역사, 특히 개인이 남긴 일기나 편지 같은 각종 기록, 증언을 체계적으로 모으고 정리할 필요가 있다는 의견이 재일코리안 사회 내부에서 나오기 시작했다. 이러한 목소리가 구체적인 움직임으로 이어진 것은 1990년대 중반 재일코리안 역사학자 박경식 선생에 의해서였다.

경북 봉화 출신으로 1920년대 후반 부모와 함께 일본으로 건너간 그는 일본 사회에 강제동원 문제를 공론화한 인물로도 유명하다. 박경식 선생은 "앞으로 재일동포들이 살아가는 데 마음의 양식이 되고 희망적인 미래를 전망할 수 있도록 재일코리안의 올바른 역사를 다루는 종합적인 시설이 필요하다"라며 '재일동포 역사자료관 구상'을 제안하였다. 그의 제안에 뜻을 함께하는 재일코리

동북아 바다, 인문학으로 항해하다

안 유지들이 생겨났다. 이 중에는 재정적인 지원을 아끼지 않은 재일코리안 기업가도 포함돼 있었다.

이들은 재일동포 역사자료관 설립준비위원회를 만들고 회원 모집과 모금 활동에 힘썼다. 모금도 중요했지만, 재일코리안 1세들이 가진 자료는 시간이 지나면 모을 수 없다는 초조함이 있었기에 일본 전역에서 회원을 늘려 자료를 수집하는 데 많은 노력을 쏟았다. 그러나 일본 경제의 거품이 꺼지면서 재일코리안 기업가의 재정적 지원을 기대하기 힘들어졌고, 무엇보다 박경식 선생이 교통사고로 급서하면서 '재일동포 역사자료관 구상'은 멈춰 섰다. 자료관 설계도까지 나온 상황에서 매우 안타까운 일이었다.

다시 시작 그리고 설립

좌절되었던 자료관 설립 움직임은 다행히 2000년대 들어 민단에 의해 다시 시작됐다. 일본 국적 취득자 증가, 일본인과 혼인 증가, 청년층의 민족 정체성 약화 등 재일코리안 커뮤니티의 변화 속에서 새로운 비전 제시에 고심하던 민단은 2000년 '21세기 위원회'를 만든다. 바로 여기에서 재일코리안의 역사를 전시하기 위한 자료관 설립의 필요성이 다시 제기된 것이다.

2003년 공식적으로 재일동포 역사자료 조사위원회가 만들어졌고, 일본 전역 민단 지부가 협력하는 형태로 해방 60주년인 2005년 자료관 개관을 목표로 활동을 시작한다. 같은 해, 민단은 대한민국 정부와 면담하고 자료관 설립에 대한 지원을 요청해 동의를 얻어냈다. 한편, 재일한인 역사자료관 설립 과정에서 적극적인 역할을 한 또 한 명의 재일코리안 역사학자가 있다. 바로 강덕상 선생이다. 경남 함양에서 태어나 곧바로 일본으로 건너간 그는 한국 근현대사 연구를 전문으로 하면서 박경식 선생의 '재일동포 역사 자료관 구상'을 잘 이해했다. 그는 재일코리안뿐 아니라 일본인 학자·문화인·시민과 연대해 관련 자료 수집에 힘썼고, 2005년 11월 '재일한인 역사자료관 개관'과 더불어 초대 관장으로 취임한다.

재일코리안의 존재를 널리 알리다

2005년 개관한 재일한인 역사자료관은 상설전시를 통해 일본을 향한 도항(渡航)부터 의식주 생활상, 일본 사회에 대한 투쟁 등 역사를 망라하여 보여준다. 재일코리안 1세가 직접 썼던 여행 가방, 요강, 빨랫방망이 등 생활용품과 외국인등록증, 학교 성적표 등을 기증받아 전시한다는 점도 큰 특징이다. 이러한 전시 방법을 택한 이유는 어려운 말이나 자료가 아니라 누가 봐도 알기 쉬운 형태로 재일코리안 역사를 공유하기 위해서일 것이다.

재일한인 역사자료관은 다양한 주제의 특별전을 열고, 지역을 돌면서 전시를 진행하며 더 많은 사람이 재일코리안이라는 존재를 알고 관심을 가질 수 있도록 노력한다. 2012년에는 서울역사박물관에서 '열도 속의 아리랑'이라는 특별전

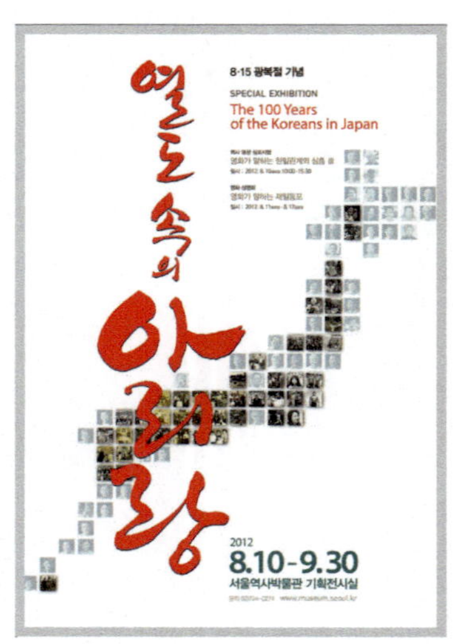

'열도 속의 아리랑' 포스터

동북아 바다, 인문학으로 항해하다

을 열었다. 재일한인 역사자료관이 여러 난관을 극복하고 오늘날에 이르게 된 데 재일코리안 커뮤니티의 노력이 가장 컸음은 두말할 나위가 없다. 이와 더불어 모국의 지원과 일부이기는 하지만 일본 시민과의 협력이 있었기에 가능했다. 이러한 과정이야말로 모국 사회와 정주국인 일본 사회를 동시에 살아가는 재일코리안의 모습을 반영한다고 할 수 있겠다.

한 번쯤 들러보시길

1990년대 들어 세계에 많은 이민박물관이 설립됐다. 미국의 엘리스 아일랜드 이민박물관(1990년), 호주 멜버른 이민박물관(1998년), 피어 21 캐나다 이민박물관(1999년), 프랑스 이민사 박물관(2007년) 등이 대표적이다. 이러한 '유행'은 박물관을 통한 이민의 역사에 대한 올바른 이해가 편견을 없애고 미래지향적인 관계 구축에 도움이 될 것이라는 기대 때문일 것이다.

벌써 여러 세대에 걸쳐 일본 사회에 뿌리내린 재일코리안 또한 실질적으로는 이민에 가까운 존재라는 점에서 재일한인 역사자료관은 이민박물관의 의미를 지닌다고 할 수 있다. 다만 다른 나라 사례와 달리, 정주국 일본이 아닌 민단이라는 민족단체 주도로 모국 한국과 협력 속에 탄생했다는 점이 특징이다. 물론 이는 일본 사회에서 재일코리안이라는 존재가 여전히 '승인' 받지 못함을 보여주는 것이기도 하다.

하지만 긴 호흡으로 역사 흐름을 본다면 도쿄 시내 중심에 재일한인 역사자료관 같은 공간이 탄생한 것 자체는 큰 변화라고 할 수 있다. 바다를 건넌 재일코리안의 역사를 공유하는 장으로서 역

동북아해역의 디아스포라

할이 더욱 빛나길 바란다. 국적, 민족, 젠더, 나이와 상관없이 더 많은 사람이 재일코리안의 삶을 공유하면 좋겠다. 국제적인 인구 이동이 늘면서 다양성 인정과 함께 서로를 존중하기 위한 보편적인 기준이 절실한 글로벌화 시대. 이 시대를 살아가기 위한 영감을 재일코리안의 삶을 공유함으로써 얻을 수 있지 않을까? 도쿄에 갈 일이 있다면 재일한인 역사자료관을 한 번쯤 들러 보길 권한다.
(최민경)

근대 상하이 거리 활보한
뜻밖의 한국 사람들

중국 상하이에서 활동했던 독립지사의 삶을 재조명하는 작업이 활발하다. 백범 김구, 석오 이동녕, 청사 조성환, 몽양 여운형 등 익숙한 이름 외에 잘 알려지지 않았던 독립지사들의 이름도 언론에 자주 오르내리곤 한다. 이 중 영화 〈암살〉과 〈밀정〉 등을 통해 세간에 알려지기 시작한 약산 김원봉의 경우 독립유공자 서훈 문제로 핫 이슈가 되었다.

근대 시기 상하이는 동양 최대의 국제도시로서 교통과 통신이 편리하고 조계라는 특수한 국제적 환경까지 갖추고 있었다. 나라를 잃은 정치인들의 망명지로 최적지였던 것이다. 3·1운동 직후 독립운동가들이 상하이에 대거 진출해 해외 독립운동기지를 구축하려 했고 임시정부를 세웠던 것도 이 때문이었다.

그러나 상하이는 독립운동가만의 도시는 아니었다. 개인적 생계를 위해서, 혹은 큰돈을 벌고자 경제적 목적으로 상하이로 모여든 사람들이 훨씬 많았다. 이들 중에는 친일 부역자도 많았으며 심지어는 독립운동가를 전문적으로 감시하는 밀정도 있었다. 우

리는 이러한 역사적 사실을 직시하고 이들의 행적을 알고 있어야
독립운동가의 삶을 온전히 재조명할 수 있게 될 것이다.

국회에 있는 대한민국 임시정부 임시의정원 초대의원 기념사진
출처 이용우 기자 ywlee@kookje.co.kr

1932년을 기점으로 상하이에 몰려든 한인

『상해한인사회사(上海韓人社會史)』를 지은 중국학자 쑨커지(孫科志)에 의하면 1930년대 초반 상하이 거주 한인의 절반 정도가 독립운동과 관련이 있었다 한다. 그러다가 1932년을 기점으로 상황은 급변해 독립운동과 무관한 한인들의 숫자가 압도적으로 증가했다. 그렇다면 1930년대 초반 상하이의 반을 차지했던 한인은 어떤 사람이었으며, 1932년 이후 상하이에 갑자기 밀려들어 온 한인은 또 어떤 사람이었던가? 이것에 대해 두 시기로 나누어 살펴볼 수 있다.

첫째, 1910년대부터 20년대까지다. 1910년 경술국치 이후 일제의 경제적 수탈이 강화되자 많은 사람이 생계를 위해 국외로 이주해야 했다. 국내에서 경제활동이 위축됐던 상인은 국제적 상업도시로 명성이 자자했던 상하이를 택했다. 비교적 이른 시기에 상하이에 정착한 한인은 주로 포목이나 인삼을 판매하던 상인이었는데, 이후 제과·식품·무역·잡화·철공업 등 다양한 직종으로 영역을 넓혀 나갔다. 상인 외 일반 근로자도 증가했는데, 주로 인쇄공, 전차회사 검표원, 선원, 공장 노동자로 근무했다. 이 밖에 대학교수나 의사와 같은 전문직에 종사하는 사람도 있었으며, 김염과 같은 은막의 스타도 있었다. 이리하여 1910년 전에는 50명도 되지 않았던 한인이 30년대 초에는 800여 명에 이를 정도로 증가했다.

둘째, 1930년대부터 40년대 중반까지다. 1932년 윤봉길 의사 의거 이후 일제의 검열이 강화됐기 때문에 적지 않은 독립운동가가 상하이를 떠났다. 하지만 상하이의 한인 수는 오히려 증가했다. 이는 일제의 상하이 점령과 관련이 있다. 청일전쟁 이후 상하이 등의 개항장에 공장 설립의 권리를 취득하고 있었던 일본은 1932년 상하이 사변을 일으키면서 상하이에 대한 통제권을 확대했다. 이에 일본의 자본이 본격적으로 상하이에 진출했는데, 일본의 진출과 함께 일본인과 비슷한 정치적 혜택을 누릴 수 있었던 한인도 대거 따라 들어왔다. 1930년대 초반 800명 정도였던 한인은 30년대 말에는 3000명에 이를 정도로 증가했다. 그리고 이들 대부분은 독립운동과 관계없었다.

동북아해역의 디아스포라

상하이 공공조계

매판자본가 · 친일부역자 다수로

이렇듯 1930년대를 기점으로 상하이에는 독립운동과 관련이 없는 사람이 득세하는 형세가 이루어졌다. 흥미로운 점은 국제도시 상하이의 특수성 때문에 정치적 성향에 따라 한인이 거주하는 곳이 명확히 나누어져 있었다는 것이다. 상하이의 조계는 크게 미국과 영국의 공공조계와 프랑스 조계로 분리돼 있었는데, 영사의 직접적 관할하에 있었던 프랑스 조계에는 공공조계와 달리 일본이 함부로 경찰을 동원할 수 없었다. 이 때문에 프랑스 조계에는 일본의 검열을 피해 독립운동가들이 거주하게 되었고, 공공조계에는 생계를 위해 일반 상인이나 노동자 그리고 친일 부역자들이 거주하게 됐다. 1935년 기록에 따르면 프랑스 조계에는 706명, 공공조계에는 986명의 한인이 거주하고 있었다. 일본이 상하이를 완전히 점령한 1940년대에는 이러한 구분도 사라지고 상하이에 남은 한인은 대부분 친일적인 인물이었다.

상황이 이러하다 보니 상하이 거리에는 뜻밖의 한인들로 넘쳐 났다. 중국세관에 근무하던 서병규라는 인물이 있었다. 그는 월급 이 400~500달러에 이르고 별도로 무역회사도 경영하고 있던 거부 였다. 하지만 임시정부에서 1년에 500달러씩 기부할 것을 요청하 였을 때 거절하였다 한다. 모자 공장을 경영하고 있던 박진이라는 인물은 더욱더 악질적이었다. 그는 한인들을 대거 고용한 뒤 그들 의 불리한 입장을 이용해 노동력을 심하게 착취하였는데, 동포들 은 그를 흡혈귀라고 불렀다고 한다. 정밀기기 공예사를 경영했던 손창식은 매국노의 전형이었다. 그는 일본군에게 돈을 기부했고 전시 통제물자 경영권을 확보한 뒤 엄청난 부를 축적했다. 1946년 전범 혐의로 체포되었을 때, 상하이 곳곳에 주택, 공장, 창고 등 어 마어마한 규모의 부동산을 갖고 있었다 한다.

변절자 직시해야 독립운동 참뜻 되새길 수 있어

독립운동가들이 매판자본가나 친일부역자보다 훨씬 더 증오하 는 사람들이 있었다. 그들은 바로 독립운동을 하다 변절한 사람들 이었다. 임시정부 수립 활동에 참가하고 임시정부의 기관지 독립 신문의 주필을 맡았던 이광수는 1921년 한국으로 돌아와 친일파 가 되었다. 국내와 상하이를 오가며 독립운동을 펼쳤던 옥성빈·관빈 형제도 상하이에서 변절해 친일활동을 했다.

가장 가슴 아픈 것은 도마 안중근의 아들 안준생에 관한 이야기 다. 초대 국무총리의 영문비서를 역임했던 김명수의 회고록에 의 하면 중일전쟁 때 안준생은 "충칭에 가지 않고 상하이에 남아 처

동북아해역의 디아스포라

가의 권유에 따라 헤로인 장사를 시작해 일약 치부했다"고 한다. 이후 그는 조선총독부의 초청으로 고국을 방문, 이토 히로부미를 추모하기 위해 세운 사찰에서 분향했고 다음 날 이토 히로부미의 아들을 만나 사죄했다.

상하이에는 그야말로 매국노 변절자 파렴치한들로 넘쳐났던 것이다. 우리는 이러한 사람들을 직시해야 한다. 이들을 제외하고 독립운동가들의 영웅적 업적만 이야기하면 독립운동의 의미는 박제화되어 버린다. 독립운동가는 날 때부터 독립운동가가 아니었다. 조국의 독립에 무관심한 자, 조국의 독립에 회의적인 자 그리고 변절자들과의 관계 속에서 끊임없이 자신을 담금질했기 때문에 독립운동가로서 이름을 역사에 남기게 된 것이다.

『맹자』에는 우리가 잘 아는 호연지기(浩然之氣)라는 말이 나온다. 흔히 청춘의 기상과 관련해 설명되나 사실은 도덕적 힘을 가리키는 말이다. 하늘을 우러러 한 점 부끄러움이 없을 때 나오는 당당함이 바로 호연지기이다. 그런데 맹자는 이 호연지기는 매일같이 키우면 천지간에 가득 차게 되나 조금이라도 게을리하면 쪼그라든다고 했다. 상하이에 있었던 독립운동가들이 목숨 건 행동을 할 수 있었던 것은 매일 호연지기를 키웠기 때문이었다. 그들은 상하이에서 온갖 군상과 관계를 맺으면서 때로는 흔들리는 자신을 다잡으며 호연지기를 키웠던 것이다. (안승웅)

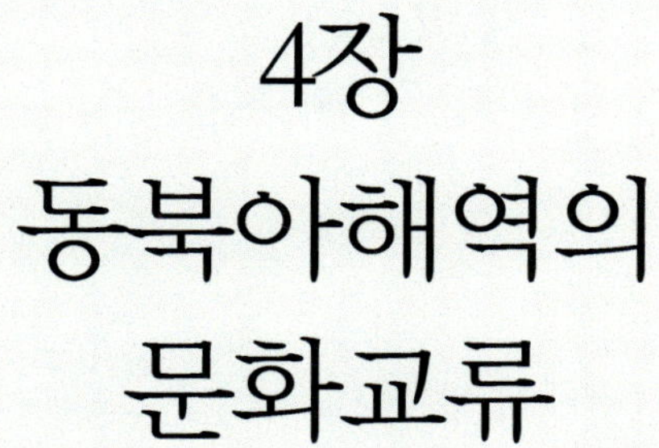

4장
동북아해역의
문화교류

'빵의 교류사'와
한국 · 일본

'빵'이라는 말은 일본어로 '팡(パン)'이며 이는 포르투갈어의 '팡'이 그대로 정착한 것이다. 일본에 서양의 빵이 전래된 것은 1543년 규슈 가고시마 남쪽 다네가시마(種子島)에 포르투갈인이 표착한 때였다. 포르투갈인들은 소총과 함께 빵을 전했다. 1587년 막부의 쇄국령에 따라 기독교인이나 외국과의 교역이 금지되면서 빵도 잠시 모습을 감춘다. 하지만 나가사키의 데지마(出島)에서만은 네덜란드 사람들이 빵에 버터를 발라 먹었다. 그러다 1840년 시작된 아편전쟁을 계기로 일본인은 다시 빵을 먹게 됐다.

1842년 막부의 명령으로 이즈반도 니라야마의 에가와 다로자에몬이 외국의 침공에 대비하는 군량으로 보존과 휴대가 편한 빵을 만들었다. 에가와는 데지마에서 요리사로 일했던 사쿠타로에게 제빵 기술을 배웠으며 자신이 사슴 사냥을 하면서 휴대용 식량으로는 빵이 제일 좋다는 사실을 인식하고 있었다. 에가와가 죽은 1855년 미토 번에서도 나가사키에서 네덜란드 의학을 공부하던 시바타 호안이 군사 식량으로 비스킷 형태의 빵을 만들고 있었다.

메이지유신 이후 일본 정부는 군대의 급식이던 쌀밥으로 인한 각기병 문제를 해결하기 위해 밀가루로 만든 빵을 군인에게 공급했다. 제1차 세계대전이 터졌고, 전쟁에 참가한 일본은 독일 포로 병사에게서 독일식 빵의 제법을 배운다. 이어 미국에서 설탕이나 버터를 풍부하게 사용한 빵의 제법이 전해졌다.

일본 메이지시대의 빵 제조소를 그린 그림, 출처 『기무라야총본점 120년사』

단팥빵, 탄생하다

일반인에게 빵이 보급된 곳은 1859년 개항장이 된 요코하마의 외국인 거류지였다. 1860년에는 우치미 헤이키치가 요코하마에서 일본인 최초로 빵 가게를 개업했다. 또한, 쇠고기를 판매했던 나카가와 요시헤에는 빵 판매에도 관여해 1867년 빵과 비스킷을 일본 최초로 신문에 광고했다. 비슷한 시기 외국인의 빵 가게도 개업하

서양에서 빵을 받아들인 일본인들이 팥소를 응용해 1874년 개발한 팥빵(왼쪽 사진)은 일본에서 빵의 판도를 바꾸었다. 오른쪽 사진은 1870년부터 도쿄 긴자에 자리 잡은 전통의 빵집 '기무라야총본점'의 현재 모습.

기 시작했다. 1865년에는 영국인 클라크가 요코하마 베이커리라는 빵 가게를 열었다.

당시 빵은 서민이 좀처럼 익숙해지기 어려운 외국 음식이었다. 기무라 야스헤에와 아들 에이사부로우는 일본인 취향의 빵을 만들고 싶다는 생각에 여러 번 시도하지만, 실패의 연속이었다. 기무라 야스헤에는 데지마에서 빵을 굽던 우메키치에게 빵 제조법을 배웠고, 1869년 도쿄의 히카게초(지금의 신바시역 앞)에 도쿄 빵집의 원조인 '분에이도(文英堂)'라는 작은 서양식 잡화점 겸 빵집을 열었다.

그러나 분에이도는 화재로 소실되고 이듬해 현재의 긴자 5가 부근에 '기무라야(木村屋)'라는 가게 이름으로 빵 가게를 재개하는데 이것이 현재의 '기무라야총본점(木村屋總本店)'의 전신이다. 6년 동안 새로운 빵 만들기에 몰두해 1874년 일본 술의 주정으로 반죽을

동북아 바다, 인문학으로 항해하다

발효시키는 기술을 개발하고 빵 속에 팥소를 싼 '팥빵'을 만들었
다. 이렇게 메이지시대에 탄생한 단팥빵은 일본의 전통적인 단팥
소를 써서 서양의 빵을 먹을 수 있도록 궁리해냈기에 일본에서 크
게 환영받았다.

일본에서 탄생한 다양한 종류의 빵

일본에서 개발한 '단팥빵'은 서민에게 인기가 좋았을 뿐 아니라
천황의 식탁에까지 오르게 되었다. 1875년 4월 4일 벚꽃을 곁들인
벚꽃 팥빵을 메이지 천황에게 헌상하고 이를 기념해 4월 4일이 팥
빵의 날이 될 정도로, 팥빵은 일본에 빵이 보급되는 데 큰 역할을
했다.

단팥빵의 등장과 함께 보다 다양한 빵이 등장한다. 1880년대 일
본에서는 식빵을 '쇼쿠팡(食パン)'으로 불렀으며 주로 아침식사 대
용으로 먹었다. 1900년, 기무라총본점의 3대주 기무라 기시로가
살구잼을 이용한 잼빵을 고안했다. 1904년 신주쿠나카무라 빵집
(新宿中村屋)의 창업자 소마 아이조가 처음 먹은 슈크림에 감동해
그것을 빵에 응용하는데, 그렇게 크림빵 역사도 시작됐다. 러일전
쟁 중이던 1905년에는 밀가루와 쌀가루에 계란 등을 배합해 맥주
이스트로 발효시킨 '갑면(甲麺)포'라는 빵이 개발됐다. 갑면포는
'간팡(カンパン, 乾パン)'이라고도 불렸다. 건빵이 바로 이 간팡에서
유래했다.

1920년 전후에는 카레 빵이 만들어졌는데, 1927년 도쿄에 있던
'메이카도(名花堂)'의 2대주 나카다 토요하루가 만든 카레 빵이 원
조라고 여겨진다. 이 빵은 속에 재료를 넣어서 커틀릿처럼 튀긴 것

동북아해역의 문화교류

으로 양식 열풍이 불던 당시 돈가스에서 발상을 얻어 빵가루를 묻혔다고 한다. 쿠키 반죽을 빵 위에 얹어서 굽는 멜론 빵이나, 소라 같은 모양 속에 크림을 채운 '코로네(소라빵)' 등도 일본에서 태어나 인기를 얻은 빵이다.

그 뒤 제2차 세계대전이 터지면서 일본에서 제빵은 일단 중단된다. 1945년 패전 후 식량난의 시대가 닥치자 미국에서 수입한 밀로 곰보빵을 만들고, 학교 급식으로 빵이 보급되면서 빵은 다시금 인기를 얻게 된다.

빵, 한국으로 건너오다

한국으로 빵이 전래된 과정도 교류의 역사다. 1628년 제주에 표착했던 네덜란드인으로, 유럽인 최초로 조선에 귀화한 박연이 항상 빵을 먹었다는 이야기가 있다. 또한 1653~1668년 조선 생활상을 상세하게 기록한 최초의 유럽 서적 『하멜 표류기』에 저자 하멜이 "배급받은 밀가루로 탈출용 빵을 만들었다"라고 밝힌 내용이 나온다. 일찍이 빵을 맛본 조선인은 이기지(李器之)로 1720년 베이징의 천주당에서 '서양떡(西洋餠)'을 먹어본 경험을 자신의 연행록인 『일암연기(一庵燕記)』에 기록해두었다.

1834년 무렵 일본이 아직 '빵 금지령' 속에 있을 때, 우리나라에는 선교사로 들어온 프랑스인 모방 신부와 샤스땅이 빵을 전했다. 명확하게 기록된 것은 1856년 입국한 프랑스 신부 베르뇌 등 선교사들이 숯불을 피워 구운 것이 마치 우랑(牛囊·쇠불알) 같다 해서 '우랑떡'이라 불렸는데 조선에서는 이것이 최초로 알려진 빵 이름이다. 이후 1884년 러시아 공사의 처제 손탁이 정동구락부를 개설하고 빵을 선보였는데, 이를 '면포'라 불렀다.

19세기 말 일본에서 개량된 일본식 빵이 조선에 도입된다. 1882년 임오군란 이후 쫓겨났던 일본인이 1883년 다시 서울에 대거 거주하면서 일본식 빵이 '서양떡'이라는 말을 대체하기 시작했다. 빵을 군인에게 공급한 이 정책은 일제강점기에도 지속됐는데, 군납을 위한 빵 제조에 조선인들도 뛰어들었다. 이는 광복 후 일본인이 떠난 뒤에도 한국 사회에서 일본식 빵집이 지속되는 기반이 됐다. 일본식 빵은 여러 가지 종류가 개발됐는데 그중에서 우리나라에 큰 영향을 끼친 빵으로는 단팥빵을 들 수 있다.

그들 각자의 사연을 품은 빵

서양에서 시작해, 일본을 거쳐, 먼 길을 돌아 한국에 온 빵은 한국의 음식문화와 생활문화에 또렷한 자취를 남겼다. 일제강점기에는 주로 일본인 기술자들이 빵을 만들었고, 8·15 광복과 6·25 전쟁을 겪으면서 원조물자로 공급된 빵이 급속도로 대중화됐다. 1969년에는 제빵용 강력분이 시판됐고, 1983년부터는 밀가루 자율화 조치로 다양한 밀가루가 만들어지면서 빵의 품질도 크게 향상됐다. 이렇게 많은 사연과 긴 교류의 역사를 가진 빵은 오늘날 우리 식생활에서 여전히 큰 비중을 차지하고 있다. (공미희)

육식 금지령의 해제와
스키야키의 탄생

교역의 시작, 육식 금지령의 균열

일본에서는 전통적 불교문화의 영향으로 일본 천황 덴무(天武)가 675년에 육식 금지령을 제정한 이후 1200년 동안 고기를 먹지 않는 식문화가 유지됐다. 하지만 육식 해금까지 일본인이 고기를 전혀 먹지 않은 것은 아니었다. 전국시대 전쟁터에서 먹을 것이 없었던 병사는 농가에서 소를 빼앗아 휴대하고 있던 된장으로 간을 해서 먹기 시작했다. 또한, 남만 무역이나 선교사 영향으로 16세기 중엽부터 포르투갈인 선교사가 일본을 방문해 기독교 전도를 했고 기독교로 개종한 일본인은 육식 금기로부터 해방돼 유럽풍의 고기 요리를 먹었다.

17세기 에도막부 시기에 나가사키 지역의 히라도 및 데지마의 외국인 거류지에서 포르투갈과 스페인의 남만 요리, 네덜란드인이 전한 홍모요리 등 서양 음식을 접할 기회가 많았다. 이것들이 일본에 들어온 최초의 서양요리라고 할 수 있다. 특히 나가사키 상류사회와 대상인들 사이에 고기와 야채를 융합한 구시이토와 히카도 같은 서양 음식이 널리 보급되기 시작했다. 또한, 상류계급에 소는 중요한 동물이 아니어서, 고기 금지령을 따르지 않고 보약이라는 명분으로 육식을 했다.

기생들이 쇠고기 전골을 즐기는 모습, 출처『메이지양식사의 시작』

1858년 미·일 수호통상조약 체결로 개항한 일본은 미국, 영국, 프랑스, 네덜란드, 러시아 등과 외국인 거류지를 중심으로 본격적인 교류를 했다. 외국인 거류지를 드나들던 일본인 통역사 및 관리인들이 쇠고기를 먹을 기회가 많아졌다. 이에 외국인과의 무역 및 교류가 증가함에 따라 외국인 거류지를 중심으로 쇠고기 수요가 급격하게 늘어나 쇠고기 부족 문제가 발생하게 된다. 외국인이 막부에서 사육하는 소를 제공해달라고 요구했지만, 막부는 육식 금지령이 시행되고 있었던 시기여서 몇 차례 거절했다. 쇠고기 확보가 어려웠던 미국의 초대 총영사 해리스는 영사관이 사용하던 시모다(下田) 교쿠센지(玉泉寺) 경내에 소를 기르기 시작했지만 부정 탄다는 이유로 이를 반대하는 마을 사람들과 문화적 갈등을 겪는 다. 이 시기 일본에서는 육우 축산 산업이 없었기 때문에 구미나 중국, 조선에서 소를 수입해 선상에서 해체했다. 결국 1865년 외 국인을 위한 쇠고기 가공 처리시설이 요코하마에 설치됐고 1866 년에는 고베에서 생산된 쇠고기가 요코하마나 도쿄 등으로 공급 되기 시작했다.

체격 열등감 없애려 육식 장려

메이지 시대가 시작되기 이전인 1862년 외국인 거류지인 요코 하마 이리후네쵸의 이세쿠마라는 술집에서 쇠고기 찜 판매가 시 작됐다. 쇠고기 수요가 증가하자 메이지 시대 초기 도쿄 시바쓰유 쓰키쵸(芝露月町)에 최초의 쇠고기 전골집, 1869년 고베 모토마치 에 쇠고기 스키야키집 겟카테이가 문을 열었다. 메이지 정부의 쇠 고기 해금 발표 이전에 외국인 거류지를 중심으로 쇠고기를 먹는 육식문화가 형성되고 있었다.

1868년 도쿠가와 정권이 몰락하고, 서양문물을 바탕으로 한 근 대국가 기틀을 형성한 일본은 메이지 유신 이후 서구화 및 근대화 의 일환으로 부국강병, 식산흥업(殖産興業)을 추진하는 과정에서 서구 열강의 식민지 정책까지 따라 하는 제국주의 정책을 추진했 다. 즉, 메이지 정부는 서구 열강국가와 같은 근대적 국가를 만들 기 위해 서양문물을 받아들이고, 체력적 열등감을 없애기 위해 육 식을 통해 육체적으로 서구인과 같은 체격을 가질 수 있도록 육식 문화를 슬로건으로 내세웠다. 그러나 일본 서민의 서양 문화 반감,

동북아 바다, 인문학으로 항해하다

불교문화 영향, 쇠고기 요리에 대한 비호감 및 거부감 등으로 육식문화는 갈등을 겪었다.

에도 말기부터 메이지 초의 통속 문학 작가 및 신문 기자로 후쿠자와 유키치의 영향을 받은 가나가키 로분(假名垣魯文)은 「쇠고깃집 잡담 아구라나베」라는 저술을 통해 육식을 장려했다. 또한 문명 개화론자인 가토 유이치(加藤祐一)는 쇠고기, 돼지고기 등의 육식을 강조했다. 부국강병 및 문명개화 정책의 영향과 함께 메이지 초기에는 서민들 사이에서 육식문화에 대한 거부감으로 갈등이 나타났지만 시간이 지나면서 점점 쇠고기를 이용한 일본식 쇠고기 전골(관동지방)이나 스키야키(관서지방)에 대한 관심이 높아졌다.

육식론은 제국주의와 밀접

관동지방의 쇠고기 전골은 간장, 설탕, 멸칫국물, 맛술 등으로 만든 양념 국물인 와리시타(割り下)에 쇠고기나 야채 등을 넣고 한번에 끓인 뒤 달걀에 찍어 먹는다. 반면 관서지방의 스키야키는 와리시타를 사용하지 않고 냄비에 쇠고기를 굽다가 간장과 설탕 등으로 간을 한 후 물기가 나오기 쉬운 야채부터 순서대로 넣고 조리해 역시 달걀에 찍어 먹는다. 관동대지진(1923년)으로 도쿄의 쇠고기 전골 음식점 상당수가 피해를 보고 문을 닫았

일본식 쇠고기 전골 요리인 스키야키에는 일본의 다양한 역사가 담겨 있다.

다. 이후 관서지방의 스키야키 음식점이 관동지방에 전해지면서 관동지방의 쇠고기 전골이라는 용어도 스키야키로 통합돼 전 세계에 알려졌다. 이후 스키야키는 메이지 시대에 서민들에게 육식에 대한 저항감을 줄이는 대표적인 요리가 됐다.

메이지 시대부터 서양식의 문화수용을 바탕으로 근대화와 부국강병을 추진하던 일본의 제국주의 정책은 청일전쟁 후 본격적으로 나타나기 시작했다. 메이지 시대 슬로건으로 내세웠던 육식론은 단순한 영양론이 아니고, 청일, 러일 전쟁기에 보여준 내셔널리즘의 한 방편이었다. (공미희)

동북아 바다, 인문학으로 항해하다

돈가스에 담긴
교류와 융합의 역사

돈가스는 남녀노소가 좋아하는 음식으로, 한국에 들어온 시기는 일제강점기인 1930~40년대로 추정된다. 하지만 그 당시는 돼지고기로 된 튀김 요리가 대중음식으로 자리 잡지 못했다. 본격적으로 알려진 것은 경양식집이 널리 생긴 1960년대로 추정된다. 일본을 거쳐 들어온 경양식집의 돈가스는 '포크 커틀릿' 조리법에 따라 얇게 튀겨진 서양식 요리였다. 현재 경양식집은 거의 사라졌고 이 서양식 돈가스는 분식집 등에 남아 있다. 최근에는 오히려 일본식 돈가스 음식점을 많이 볼 수 있다.

에도 시대 초기, 중국에서 돼지가 류큐(琉球 · 지금의 오키나와)를 거쳐 사쓰마(薩摩 · 가고시마현)에 전해졌다. 돼지가 주요 재료로

젓가락으로 집어 먹기 좋게 미리 자르고 채 썬 양배추를 듬뿍 곁들인 전형적인 일본식 돈가스

사용된 요리인 사쓰마국(薩摩汁)은 당시 육식금지령이 시행되고 있었음에도 규슈에 거주하는 무사와 난학자(蘭學者), 난의(蘭醫)들 사이에서 인기가 높아지면서 에도(도쿄)에도 알려졌다. 한편, 나가사키에 거주하는 중국인들이 돼지를 사육하면서 나가사키에도 돼지가 보급됐으며 데지마(나가사키에 있던 네덜란드인 거주지)의 네덜란드 사람들은 돼지로 햄이나 소시지를 만들어 먹었다. 그래서 나가사키와 사쓰마에서는 돼지고기를 공공연히 먹는 습관이 일찍부터 나타났다.

서민들에게 점점 높아지는 인기

메이지 시대 초기 일본 정부에서 부국강병 및 문명개화 정책으로 서민에게 쇠고기 보급을 추진했지만, 돼지고기는 새 정부의 문명개화와 맞지 않는다고 해서 오랫동안 경원시했다. 서민 사이에도 돼지고기는 쇠고기에 비해, 서양인처럼 체력을 튼튼하게 하는 데 도움이 안 될 뿐만 아니라, 돼지우리는 악취가 발생하고 불결하다는 인식이 많아 관심이 낮았다.

그러나 다양한 외국인과 교류가 증가함에 따라, 점차 '서양식' 돼지고기 요리가 서민에게 익숙해졌고, 1882~1883년 도쿄에서 돼지고기 수요가 증가하기 시작했다. 또한, 병사의 식량으로 보급하던 쇠고기의 부족 문제가 발생했다. 이를 해결하기 위해 1900년 미국과 영국에서 씨돼지를 수입해 본격적인 양돈사업을 시작했다. 어느 양돈가는 여성이 좋아하는 돼지고기 요리로 시식회를 열었으며, 돼지해부학 권위자인 도쿄대 다나카 히로시(田中宏) 교수의 『다나카식 돼지고기 조리』 출판 등을 통해 다양한 요리를 고안했

1872년 가나가키 로분의 저서 『서양요리통(西洋料理通)』에서 '홀커틀릿' 요리를 소개한 항목. 출처 『메이지 양식사의 시작』

다. 이렇게 일본 서민은 돼지고기에 점점 관심을 갖기 시작했으며 돈가스 탄생의 기반이 서서히 구축되어 갔다.

또한 청, 러시아와 치를 전쟁에 대비한 군비 확대 정책이 시행됨에 따라 병사의 음식에 커틀릿 같은 양식·육식이 적극적으로 도입되고, 서민에게 쇠고기, 돼지고기 요리가 전파되는데 이 또한 돈가스 탄생에 크게 기여하였다고 할 수 있다.

돈가스의 어원은 프랑스어 '코틀레트'인데 '코트'는 송아지, 양, 돼지의 뼈에 붙은 등심과 등심 형태로 자른 고기를 말한다. 영어로는 커틀릿(Cutlet)인데, 이 커틀릿이 1860년 후쿠자와 유키치의 저서 『화영통어(華英通語)』에 'Cutlet-가쓰레쓰(吉烈)'라고 표기되어 일본에서는 '가쓰레쓰'로 불렸다. 1872년 가나가키 로분의 저서 『서양요리통(西洋料理通)』에서 '홀커틀릿' 요리가 소개됐고, 돼지고기를 뜻하는 홀과 같은 의미인 포크 그리고 커틀릿(cutlet)의 '가쓰

동북아해역의 문화교류

레쓰’가 결합해 ‘포크가쓰레쓰’라는 용어가 등장했다. 그 후, 포크가쓰레쓰는 일본어의 돼지를 뜻하는 돈(豚)과 외래어 가쓰레쓰가 결합해 ‘돈가쓰레쓰’로 변천했고 최종적으로 돈가쓰(돈가스)로 정착하였다.

일본식 ‘절충요리’ 특징 고스란히

일본식 돈가스 요리의 원조인 홀커틀릿이란 돼지고기 중 뼈에 붙은 등고기 혹은 로스 고기에 밀가루를 묻힌 뒤 소량의 기름으로 프라이팬에서 볶는 서양식 요리이다. 1895~1899년 도쿄 긴자의 렌가테이(煉瓦亭)에서는 이때까지 소량의 기름으로 부쳐낸 가열조리법 대신 많은 양의 기름에 넣고 튀긴 포크가쓰레쓰를 판매하기 시작했다. 이는 렌가테이의 2대주 기타 겐지로(木田元次郎)가 일본인 입맛에 맞는 요리를 목표로 시행착오 끝에 개발했다. 당시에는 얇게 썬 돼지고기를 썼고 데미글라스 소스를 뿌려 익은 야채, 빵과 함께 나이프와 포크로 먹었다. 도쿄의 쓰키치 아카시초 외국인거류지와 가까운 곳에 위치한 렌가테이의 포크가쓰레쓰는 ‘외국에는 없는 서양 요리’로 외국인 손님에게 인기가 매우 높았다. 이 시기 ‘절충 요리’ 식당들이 나타났고, 돼지고기 공급량의 절반 이상을 포크가쓰레쓰 같은 서양식 요리의 재료로 썼다.

포크가쓰레쓰는 1907년부터 유행해 다이쇼 시대(1912~1926년)에는 이미 양식의 하나로 자리 잡았다. 1921년 도쿄 신주쿠의 돈가스 전문점 오우로지(王ろじ)가 두꺼운 등심을 튀겨 젓가락으로 먹기 좋게 잘라 놓은 돈가스를 처음으로 팔았다. 그 후 1929년 도쿄 우에노(上野) 오카치마치(御徒町)에 있는 폰치켄(ぽんち軒)에서 시마다 신지로(島田信二郎)가 지금의 일본식 돈가스를 팔기 시작했다.

이때 탄생한 일본식 절충 요리 돈가스는 뼈가 없는 두툼한 돼지고기에 일본식 굵은 빵가루를 입히고, 많은 양의 기름 속에 넣어 튀기는 방식으로 새롭게 고안한 '딥 팻 프라잉'(deep fat frying)으로, 씹으면 고기와 함께 바삭하게 부서지는 빵가루 촉감이 살아 있는 맛있는 요리다. 입안의 기름기를 없애주고 포만감을 안겨주는, 아삭아삭하게 채를 친 양배추를 추가하고 일본의 쌀밥과 된장국과 함께하는 일품 세트 요리로 구성됐다. 포크와 나이프 대신에 젓가락 사용에 적합하도록 돈가스를 미리 썰어 놓는 등 서민을 위한 많은 아이디어가 내포돼 있음을 알 수 있다.

일본 도쿄 긴자에 있는 1895년 개업한 돈가스집 렌가테이

수용·절충·융합의 일본 식문화

1932년에는 도쿄 우에노(上野)나 아사쿠사에 '라쿠텐(樂天)' 등 돈가스 전문을 표방하는 음식점이 속속 개점하면서 도쿄 번화가에 돈가스 열풍이 불었다. 그러나 제2차 세계대전에 따른 물자 통제로 돈가스 붐은 일시적으로 사라졌다. 일본의 패전 뒤 1958년에는 돈가스 체인점 와코(和幸) 1호점이 개점했다.

일본 문화는 예부터 서양, 중국, 한반도 등 외부 문화를 받아들여서 자신의 문화와 절충하고 융합해 새롭고 부가가치 높은 문화를 만드는 특징이 있다. 메이지 시대의 근대화 과정에서도 과학기술뿐 아니라, 군국주의와 연계된 부국강병의 정책으로 서양의 식문화를 받아들였고 그 결과 '일양절충요리'가 탄생했다. 그 하나인 돈가스가 바로 서양의 홀커틀릿이 일본 식문화로 융합된 요리이다. (공미희)

박래품(舶來品),
새로운 세계의 맛

개화기 바닷길로 온 박래품의 등장

지금은 외국의 물품이 육지와 바다, 하늘을 통해 다양한 방법으로 유입되지만, 바닷길로 해서 항구로 들어오는 항만물류가 가장 큰 비중을 차지하는 것은 예나 지금이나 다를 것이 없다. 그런데 그 단면을 들여다보면 흥미로운 데가 많다. 특히 언어를 살펴보면 더욱 그러하다. 구한말을 시대 배경으로 한 김은숙 작가의 드라마 〈미스터 션샤인〉은 이병헌과 김태리가 주연을 맡아 높은 시청률을 보였는데, 작중의 고애신(김태리 분)이 이런 말을 한다.

"신문에서 작금을 낭만의 시대라고 하더이다. 그럴지도. 개화한 이들이 즐긴다는 가배, 불란서 양장, 각국의 박래품들. 나 역시 다르지 않소. 단지 나의 낭만은 독일제 총구 안에 있을 뿐이오."

'가배(珈琲)', '불란서(佛蘭西)', '양장(洋裝)' 등은 모두 개화기 신문물 이름이다. '박래품'이라는 말도 나오는데, 사전에는 있으나 지금은 사어(死語)가 되어 쓰는 사람이 거의 없는 말이다. 한자로는 '舶來品'이니 배로 들여온 물품이라는 뜻으로, 구한말 당시에는 서양에서 배에 실려 들어온 신식 물품을 그렇게 말했다. 영어로는 'import'가 되는데, 전치사 'in-; 안에, 안으로'과 명사 'port; 항구' 가 조합('import'의 'm'은 전치사 'in'의 'n'이 동화작용으로 변한 것임)돼 만 들어진 단어다. 그러니까 '항구 안으로 들이다'라는 뜻인데, 이것 을 '舶來品'이라는 말로 만들어 번역했으니 재미있다.

대한제국 외국공사 접견례를 재현한 모습

'항구 안으로 무엇인가를 들이는 일(in+port)'이 곧 수입(import)인 데, '중요한'이라는 의미의 'important'가 이에서 비롯된 것이니 이 또한 흥미롭다. 이는 또 물자가 부족한 나라에서의 그것이 얼마나 중요한가 단적으로 말해 주고 있는 것이다.

그런데 이들 어휘에서는 세계무역 또는 식민지 개척의 냄새가 짙게 묻어난다. 유럽의 많은 나라는 자원이 부족해 자급자족에 어 려움이 많았다. 따라서 다른 나라로부터 물자를 들여오지 않으면 안 되었다. 정상적인 수입이 안 되면 약탈이라도 해 오지 않는 한

동북아 바다, 인문학으로 항해하다

생활 유지가 곤란할 수밖에 없었다. 영국이나 스페인, 프랑스 등의
해적선이 실재했던 것이 그 방증이다.

바닷길보다 더 큰 길은 없다

물류 수단이 최첨단의 길을 걷는 현재도 바닷길을 통해 항구로
들어오는 물자가 가장 큰 비중을 차지한다는 것은 전술한 대로이
다. 따라서 항구에는 물건이 다양하고 많을 뿐 아니라 사람도 많
이 모이게 된다. 항구 주변에는 도시가 형성되어 대도시로 성장해
가고, 새로운 것도 등장해 가슴 설레게 하는 무엇인가를 낳아 사
람들로 하여금 기대에 부풀게 했다. 우리나라도 다르지 않다. 운요
호 사건으로 조선과 일본 사이에 강화도조약이 체결되면서 1876
년 부산항이 개항했고, 1880년 5월 원산(元山)과 1883년 1월 인천
(仁川)을 순차로 개항하면서 열강과 근대적 교역을 시작했다. 그러
자 이들 항구도시에는 당연히 진귀하고 값비싼 물건, 즉 박래품이
흘러들어와 사람들의 관심을 자극했다.

그런데 박래품들은 붙여진 이름에조차 개항을 경험하며 새로운
세계를 맛보기 시작한 사람들의 흥미를 끌기에 충분한 무엇인가
묻어 있었다. 그러나 대다수의 사람은 실물을 보고 이름을 아는
기회를 얻지 못했다. 신문광고를 통해 알았고, 그렇게 안 사람들
의 입을 통해 알게 되었는데, 주로 시계, 양복, 구두, 양산이라든가
향수, 석유, 비누, 바늘 같은 것들이었다. 그 물품은 서구 열강에서
직접 들여온 것도 있었지만, 일본을 통해 간접으로 받아들인 것이
많았다. 그때 붙여진 이름들을 몇 가지로 나눠 패턴별로 살펴보면
이렇다.

외국어의 음을 한자음으로 '음역: 이 같은 음역어는 주로 국가나 도시 이름에 사용됐다. 프랑스를 '불란서(佛蘭西)', 러시아를 '아라사(俄羅斯)', 필리핀을 '비율빈(比律賓)'으로 표현했다. '커피'를 '가배(珈琲)', 클럽을 '구락부(俱樂部)'로 표현한 것도 모두 음역 패턴에 해당한다.

'양(洋)-'식으로 하는 패턴: 서양에서 바다를 건너 들어왔거나 서양식으로 만들어졌다는 뜻으로 이 같은 이름이 붙여졌다. '양장', '양복', '양옥', '양산', '양철', '양동이', '양초' 등이 이에 속하는데, 모두 같은 시기에 만들어졌다. 여기에서 '양(洋)-'에는 얕지만 새롭다고 하는 의미도 묻어 있었다.

외국어를 어원으로 하는 패턴: 이 패턴의 이름에는 〈미스터 션샤인〉에서 본 바와 같이 구한말 언어의 단면이 잘 드러나 있다. 구한말이란 서양과 동양 문물이 공존한 시공(時空)을 뜻하기도 하는데, 이 패턴의 이름에서는 당시의 새로운 먹거리와 볼거리 등을 느낄 수 있다. 살펴보면 이렇다.

스페인과 포르투갈의 카스텔라,메리야스(박래어) 〈미스터 션샤인〉에 등장한 여성들이 먹던 카스텔라는 스페인어로 성(城)을 뜻하는 카스틸료(catillo)에서 유래하는데, 11세기 카스티랴(Catilla) 왕국의 포르투갈어 발음 카스텔라(Castela)가 '카스텔라'의 이름이 됐다. 그것이 16세기 초 포르투갈에서 일본으로 전해지고, 일본을 통해 우리나라에 들어왔다. '메리야스'는 스페인어 '메디아스(medias)'와 포르투갈어 '메이아스(meias)'가 와전된 것인데, 당시는 양말을 가리켰다. 그런데 양말이 신는 사람 발의 대소에 따라 늘어나고 줄어든다는 데서 중국에서는 크건 작건 상관없다는 뜻으로 '막대소(莫大小)'라 했다. 그러한 특성 때문에 이 이름은 신축성 좋은 직물로 확대되어 불리게 되었고 오늘의 메리야스가 됐다.

네덜란드의 칸델라(kandelaar) 많은 박래품 중 괄목할 만한 것으로 칸델라(kandelaar)를 들어도 무리는 아니라 생각되는데, 이는 본래 '호롱'을 뜻했으나 훗날 함석 같은 것으로 만든 호롱에 석유를 넣어 불을 켜서 들고 다니는 등의 이름으로 쓰이게 됐다. 1876년 일본에서 석유가 수입되면서 그것을 등유로 사용하고부터 선박이나 광산 등에도 쓰였는데, 그 역시 이름과 함께 네덜란드에서 일본으로 건너가 우리나라로 왔다.

노래 가사에도 나오는 '사이다' '사이다'는 영국에서 새콤한 사과주를 일컫는 말이었는데, 일본으로 건너가면서 레몬향의 탄산수로 탈바꿈했다. 그것이 요코하마에서 인천항으로 들어왔고, 1905년 인천탄산수제조소가 세워져 대히트를 쳤다. 1960~70년대 한 코미디언이 불러 화제를 모은 노래의 "인천 앞바다에 사이다가 떴어도 고뿌 없으면 못 마십니다"라는 가사가 말해 주듯 사이다는 개항지 인천의 상징 같은 역할도 했다. 이들 말에는 바닷길을 통해 항구로 들어온 새로운 문물 '박래품'의 향기가 감돌고 있었다.

항구는 예와 다름없이 새로운 문물을 받아들이는 거대한 열린 공간이며 설렘의 장소이다. 이제 '박래품'이라는 말은 사어가 되어 쓰지 않게 되었지만, '박래품' 그 자체는 더욱 다양하고 풍성해져서 사람들의 호기심을 자극하며 설렘을 부르고 있다. (양민호)

우리 어촌에 남은
일본어

인간의 사고와 경험은 언어에 의존하며, 쓰는 언어가 다르면 생각이나 생활양식이 달라진다. 언어가 인간의 사고를 규정한다고 주장한 대표적인 학자는 사피어와 워프인데, 그들은 한 사람이 세상을 이해하는 방법과 행동이, 그 사람이 쓰는 언어와 관련이 있다고 주장한다.

예를 들면 유럽인에게는 시간이 '객관화'된 것이기 때문에 아침, 저녁, 1월, 8월, 여름, 가을이 분명하고, 시간을 절대적인 것이라고 생각해 과거, 현재, 미래가 분명하다는 것이다. 하지만 아메리카 원주민 호피(Hopi)족은 시간을 객관화시키고 있지 않고 '관습적'인 것으로 생각하기에 그러한 시간 구분이 뚜렷하지 않다는 것이다.(호피족의 언어에는 '시간'이라는 낱말 자체가 없고, 과거, 현재, 미래형 같은 시제도 없다고 한다.)

삼면이 바다인 우리나라는 어촌에서 사용되는 말이 잘 발달했다. 그러나 안타깝게도 일제강점기를 거치면서 일본어의 영향을 크게 받은 것이 사실이다. 수산 관련 어휘나 어촌 생활 관련 표현이 일본에서 대거 유입돼 생활 속에 녹아들었기 때문이다. 한일 두 나라가 바다를 보는 시각이 비슷하여 수용과 공유가 수월했기 때문이기도 할 것이다.

국립국어원 민족생활어사업단에서 동해, 서해, 남해, 제주해의 어촌 생활어를 조사한 바 있는데, 이를 분석해보면 아직 어민의 생활 속에 일본어 투의 말이 다양하게 존재한다. 유형별 구분도 가능한데, 예를 들어보면 이렇다.

일본식 발음

그물을 가리킬 때 사용하는 '나이롱'은 '나일론(nylon)', 그물을 당길 때 쓰는 돌림판 '노라'는 '롤러(roller)'의 일본식 영어 발음이다. 닻을 뜻하는 '앵커(anchor)'의 일본식 발음 '앙카'는 지역에 따라 '앙카', '랑카', '엥카' 등으로 발음되고 있다. 지역별 언어 차이에서 온 언어 변종이라고 볼 수 있다. '갑판장(bosun 또는 boatswain)'을 '보슨'이나 '보싱'이라 하는데, 이 또한 일본식 발음이다. 그물이나 낚시 도구의 끝부분 금속을 '후꾸리'라 하는데, 이것도 일본식 '후쿠(Fukku)'에서 온 말이다.

앙카

배의 '선장'은 일본어로 '센초(船長)'인데, 이를 우리도 그대로 '센초'라 하거나, '기관장'의 일본어 '기깐초(機關長)'를 그대로 '기간초'라 하기도 한다. 그물 아랫부분을 '히모'라 하는데, 이는 같은 의미의 일본어 '시모(下)'가 변형된 발음이다.

다양한 변종

동해안의 오징어잡이 때 사용하는 말 중에 '채낚기'라는 게 있고, 이의 일본어는 '잇뽄즈리(一本釣り)'인데, 이것이 '이뽄술이', '이폰수리' 등으로 변형돼 발음되는 사례도 있다. 동해안에서 동틀 무렵을 '아시히찌'라고도 하는데, 새벽시장을 의미하는 일본어 '아사이치(朝市)'의 발음과 의미에서 변용된 것이라 판단된다.

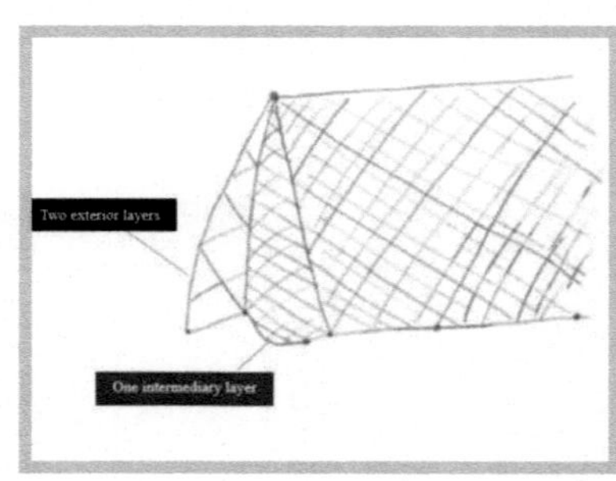

삼마이그물

어로 작업에서 '중복'이라는 의미로 쓰는 말에 '다부리'가 있는데, '중복되다'라는 의미의 일본어 '다부루'에서 온 말이다. 그런데 이 '다부루(ダブる)'는 일본어 조어법 'double+る'에 의한 것으로, 'る'는 동사의 활용 어미이다. 그리고 조기잡이 배에서 넓게 펼쳐 사용하는 그물 '삼마이'는 '3장'이라는 의미의 일본어 '삼마이(三枚)'에서 온 것으로 세 겹 또는 삼중 그물을 가리킨다.

일제강점기가 남긴 언어의 잔해

선박에서 쓰는 어휘 중에는 엔진 관련 일본어 투 용어가 많았다. 제2차 세계대전 이후 우리나라의 어업용 선박에는 일본 브랜드인 얀마(YANMAR)의 엔진을 많이 썼다. 그 영향으로 좋은 엔진을 말할 때면 '얀마 엔진'이라 하는 것이 상례가 됐다. '삼기통 엔진'의 일본어는 '산끼도 엔진(3氣筒エンジン)'인데, 여기서 '엔진'을 생략하고 '산끼도'라 하기도 한다. 소형 선박은 주로 '세로형 엔진'에 의해 동력을 얻는데, 그 엔진을 보통 '다테'라 한다. '세로'라는 의미를 지닌 일본어 '다테'를 그대로 쓴 것이다.

이처럼 우리 어촌에서 쓰는 말은 일본의 영향을 적지 않게 받았다. 불행했던 일제강점 36년이라는 긴 세월이 남긴, 가슴 아픈 현실이다. 따라서 당시의 우리 어업 환경과 해역의 기층(基層)문화를 이해하려면 이 같은 언어의 오염 경로를 추적하는 것이 선행되어야 할 것이다.

관심과 개선 노력 필요

해양생태 변화와 이촌향도(離村向都), 어촌 사회의 급격한 도시화 등에 따른 경제 형태의 변화는 어촌에서 쓰는 말에도 큰 영향을 주고 있다. 그 결과 전통적인 어촌의 문화를 담은 말은 이미 소멸됐거나 소멸 위기에 놓이게 되었다. 동시에 일본어 투의 말도 사라져 가고 있으니 이는 다행이 아닐 수 없다.

그러나 언어생활의 선도적 위치에 있어야 할 언론매체조차 아직 일본어 투 말을 그대로 쓰는 사례가 있다. 하루빨리 고치지 않으면 안 될 일이다. 예능 프로그램 중에 〈나만 믿고 따라와, 도시

어부〉가 있다. 연예계를 대표하는 낚시꾼 이덕화와 이경규 등이
국내의 유명 출조지는 물론 해외로까지 그 범위를 넓혀 가까이는
일본의 쓰시마(對馬島)를 비롯하여 멀리는 뉴질랜드나 알래스카까
지 달려가서 낚시 솜씨를 자랑한다.

그런데 이 방송에서 '도미(돔)'를 뜻하는 일본어 '타이'와 고무판
을 뜻하는 영어 '러버(rubber)'의 합성어 '타이라바'와 같은 일본어
투의 말이 많이 등장한다('라바·ラバ는 '러버'의 일본식 발음). 낚시와
어로도구, 어로행위, 어획물 명칭 등 일본어 영향을 받은 말을 특
별한 생각 없이 쓰는 것이다. 이는 시청자의 구미를 당기게 하여
시청률을 높이는 데에는 도움이 될지 모르나, 국어 순화라는 면에
서 보면 고민해 볼 문제이다.

해역문화 이해의 계기로

어떻든 아름다운 우리말을 오염시킨 일본어 투 말을 우리의 생
활에서 걷어내 순화시킴으로 지켜가는 것은 가벼이 여길 수 없는
일이다. 물론 그건 국수주의적 옹고집으로 일관하는 것과는 다르
다. 국어 순화라는 기치 아래 언어의 다양성을 제한하자는 것과도
다르다. 외래어라고 거부하는 것만이 능사가 아니라, 수용할 것은
수용함으로써 풍요로운 언어생활을 영위하는 것이 필요하다. 거
기에 자제와 절제의 지혜가 필요하다는 것이다.

그런데 이제까지 말한, 그러니까 어촌 같은 곳에서 쓰고 있는 어
휘의 조사나 연구는 그다지 주목받지 못했고, 국민들도 크게 신경
쓰지 않았다. 늦었지만 이제라도 일본어로 오염된 우리의 바닷가
말뿐 아니라 우리의 어촌생활 속에 녹아 있는 일본어 투 말들을

순화하여 국어의 우수성을 되살림으로써 국민소통의 원활과 해역
기층문화의 이해를 꾀하지 않으면 안 될 것이다. (양민호)

※순화해야 할 어촌 생활어

1 나이롱: nylon의 일본식 영어 발음 → 나일론

2 앙카: anchor의 일본식 영어 발음 → 닻

3 후꾸리: fukku의 일본식 영어 발음 → 그물 끝부분 금속

4 센초·기깐초: 선장(船長)·기관장(機關長)의 일본식 발음 →
　선장·기관장

5 이뽄술이: 잇뽄즈리(一本釣り)의 변형 → 채낚기

6 아시히찌: 새벽시장이라는 뜻의 아사이치(朝市)의 변형 →
　동틀 무렵

7 삼마이: 3장이라는 뜻의 삼마이(三枚)의 변형 → 삼중그물

8 얀마: 일본 브랜드 얀마 엔진에서 따옴 → (좋은) 엔진

9 산끼도: 삼기통 엔진이라는 뜻의 산끼도엔진(3氣筒エンジン)에
　서 따옴 → 삼기통 엔진

밥상 위의
출세어(出世魚)

삼면이 바다인 한반도와 바다로 둘러싸인 섬나라 일본은 예부터 수산물 소비량이 많은 곳이다. 특히 동북아해역을 공유하는 처지에서 국경을 자유로이 넘나들 수 있는 것은 어쩌면 물고기만의 특권일 것이다.

밥상에 자주 오르는 생선구이나 선술집 술안주는 철마다 다양하고 맛 또한 기가 막힌다. 밥상이나 술상에 단골로 오르는 물고기는 다양한 속담으로 표현됐다. 우리네 선조들이 풍류를 즐기며 계절마다 잡히는 물고기를 빗대 다음과 같이 표현하였는데, 어디선가 한번씩은 들어봤음 직한 내용이다.

1월 '정월 도미를 먹고 죽으면 여한이 없다', 2월 '2월 가자미 놀던 뻘 맛이 도미 맛보다 좋다', 3월 '3월 거문도 조기는 7월의 칠산장어와 안 바꾼다', 4월 '4월 삼치 한 배만 건지면 평양감사도 조카 같다', 5월 '보리타작한 농촌 총각, 농어 한 뭇 잡은 섬처녀만 못하다', 6월 '태산보다 높은 보릿고개에도 숭어비늘국 한사발 마시면 정승 보고 이놈 한다', 7월 '숙주에 고사리 넣은 장어국 먹고 나면 다른 것은 맹물에 조약돌 삶은 국 맛 난다', 8월 '8월 그믐 게는 꿀맛이지만 보름 밀월 게는 개도 눈물 흘리며 먹는다', 9월 '전어 한 마리가 햅쌀밥 열 그릇 죽인다', 10월 '10월 갈치는 돼지삼겹살보다 낫고 은빛 비늘은 황소값보다 높다'. 11, 12월의 경우 한겨울 생선은 모두 맛있기에 특정된 표현이 없다.

생선 중 귀족으로 일컫는 1월 도미는 주로 회로 먹고 2월 가자미는 회무침 또는 구이로 조리한다. 그리고 거문도에서 잡히는 조기도 맛있다 하여 3월 조기는 매운탕으로, 높은 가격에 팔리는 4월 삼치는 구이, 인기 많은 어촌의 효자 생선인 5월 농어와 맛 좋고 포만감 넘치는 6월 숭어는 회로 주로 먹는다. 7월 장어는 장엇국, 8월 꽃게는 탕으로, 9월 전어는 구이로, 10월 갈치는 조림 등으로 먹는다. 이렇게 계절별, 생선별로 그 조리법 또한 다양하다.

'출세어(出世魚)'란?

이 가운데 5월과 6월에 언급된 '농어'와 '숭어'는 성장 단계에 따라 이름이 바뀐다. 이렇게 크면서 이름이 바뀌는 물고기를 '출세어(出世魚)'라 하는데 치어(稚魚)에서 성어(成魚)까지 성장 단계별로 다른 명칭을 가진 물고기를 가리킨다. 사실 출세어의 어원은 일본에서 에도(江戶) 시대까지 무사나 학자가 성인이 되거나 출세하였을 때 이름을 바꾸는 관습에서 유래했다고 한다. 그 관습에 빗대 '성장과 함께 출세하는 것처럼 명칭이 바뀌는 물고기'를 출세어라 칭하고 '운수 또는 재수가 좋은 귀한 생선'으로 해석해 새로운 출발을 축하하는 자리 또는 잔치 음식에 자주 쓰였다.

농어야 숭어야, 너의 이름은?

농어는 자라는 상태에 따라 다양한 이름을 가진 출세어이다. 바닷물고기 농어는 가을과 겨울철에 강어귀에 산란한다. 농에, 까지맥이, 깔다구, 껄떡이, 깡다구, 껄떡, 연어병치, 독도돔, 절떡이, 보껄떡이, 가슬맥이 등 지역별로 다양한 이름이 있다. 이 가운데 어릴 때에는 민물에서 살다가 첫겨울에 바다로 나간 농어 새끼를 '껄떼기'로 부른다.

숭어는 한국에서 부르는 명칭이 100개도 넘는다고 한다. 성장에 따라 글거지, 애정이, 무근정어, 무근사슬, 미패, 미렁이, 덜미, 나무래미 등으로 불리고 이 외에도 걸치기, 객얼숭어, 나무래기, 댕기리, 덜미, 뚝다리, 모대미, 언지 등의 이름을 갖고 있다. 특히 숭어새끼를 '모치'라 하며 그보다 작은 것을 '동어'라고 부른다. 주로 강이나 해안가에 살면서 예부터 친숙한 물고기였고, 한국만큼 일본에서도 이름이 매우 다양하다. 치어 단계서부터 성장한 숭어의 명칭은 다음과 같이 다양하다.

하쿠(ハク)→오보코(オボコ)→스바시리(スバシリ)→나요시(ナヨシ)→이나(イナ)→보라(ボラ)→도도(トド).

출세어의 다양한 변신

일본에서 숭어를 '이나(イナ)' 또는 '보라(ボラ)' 그리고 가장 컸을 때 '도도(トド)'라 하는데 이 생선을 빗대어 표현한 형태의 속담이 많다. 성장과정을 빗대 만든 표현인데 '도도노쓰마리(とどのつまり)'는 출세어인 숭어의 성장과정을 표현하면서 몸통이 가장 큰 숭어 '도도'가 돌고 돌아서 '결국에는'이라는 표현으로 쓰인다. 좋은

의미보다는 나쁜 예로 사용되는데 이름이 바뀌는 물고기 숭어의 어원에서 유래한 재미난 표현이라고 볼 수 있다.

또한 숭어가 맛있다는 것을 재밌게 표현한 말이 있다. '이나노 아타마산고메시(イナの頭三合飯)'는 '숭어 대가리만 있으면 밥을 많이 먹을 수 있다'는 비유로 숭어 대가리에 살이 많이 붙어 있지 않지만 '대가리만 있어도 충분히 맛있다'라고 에둘러 표현한 것이다. 이처럼 일본에서도 숭어는 어디 하나 버릴 데가 없는 생선이다.

한국에서는 숭어알로 '어란(魚卵)'을 만드는데 숭어는 음력 3월께 강물을 거슬러 올라온다. 이때 뛰어오르는 숭어를 잡아 일 년에 딱 한 차례 5월께에만 만들 수 있다고 한다. 그만큼 귀하고 품이 많이 가는 음식이기에 임금님께 올리던 진상품 중 하나였다. 예부터 영산강과 바다가 만나는 전남 영암 지역에서 잡히는 숭어로 만든 어란을 으뜸으로 쳤다. 일본 역시 숭어알로 만드는 '가라스미(唐墨)'라는 음식이 있는데 우리나라 어란과 흡사하며 만드는 과정이 매우 까다롭다. '당묵(唐墨)'이라는 한자에서 알 수 있듯 '중국에서 가져온 먹'과 같이 생겼다 해서 붙은 이름이다.

출세어의 원조 스타 방어

농어와 숭어에 대해 설명하였지만, 출세어 원조는 '방어'다. 방어는 해벽어(海碧魚)라고도 부르는데 지역별 방언이 다양하다. 강원도에서는 어린 개체를 '떡마르미', 중간 개체를 '이배기', 큰 개체를 '사기'라 한다. 경북에서는 10cm 안팎을 '곤지메레미', 15cm안팎을 '떡메레미', 30cm 안팎을 '메레기' 또는 '되미', 60cm 이상을 '방어'라 부르고 있다. 일본에서도 방어는 크기에 따라 모쟈코(モ

ジャコ), 이나다(イナダ), 하마치(ハマチ) 등의 이름으로 부른다.

방어는 회유어(回遊魚)여서 자유로이 경계를 넘나드는데, 여기서 흥미로운 점을 발견할 수 있다. 동북아해역을 제집 드나들 듯 넘나드는 방어지만, 방어 이름의 개수에 차이가 있다. 예를 들어 방어가 서해 쪽까지는 잘 넘어오지 않기에 서해 쪽에서 부르는 방어의 이름은 매우 단순하다. 반면 환동해권 그리고 남해와 제주해 인근에서 산란기를 보내는 방어의 특성상 이쪽 지역에서는 명칭이 다양하다. 특히 일본식 방어 명칭인 야즈(ヤズ), 야도(ヤド), 부리(ブリ), 하마치(ハマチ), 히라스(ヒラス) 등도 있다. 이렇게 방어를 부르는 명칭만으로도 지역의 환경을 파악할 수 있다. (양민호)

히라스

동북아 바다, 인문학으로 항해하다

바다를 건너
일본으로 간 우리말

글로벌 시대, 우리는 정보의 바다를 유영(遊泳)하고 있다. 외국 문물의 유입과 정착 그리고 그것과 함께 들어온 말의 생명력을 매일매일 체감하며 살고 있다. 한껏 사용되다가 사라진 말, 유행하다가 정착된 말 이렇듯 다양한 말이 존재한다. 외래어라는 말은 자주 들어봤을 것이다. '바다를 건너 우리나라로 들어온 말'인데 마린(Marine), 비치(Beach), 스시(すし), 마라샹궈(麻辣香鍋) 등과 같이 요즘에는 다양한 국적의 말도 많다.

이러한 말 중에는 우리가 알아채지 못하는 일본말이 간혹 섞여 있기도 하다. 예를 들어 도래 작물 '고구마'가 그중 하나다. 고구마는 원래 감저(甘藷)로 알려져 있었다. 하지만 쓰시마에서 고구마 종자를 들여온 조선통신사 조엄이 쓰시마 방언으로 기근에 매우 도움이 되는 효행 깊은 구황작물이라는 뜻의 고코이모(孝行芋)를 일본식 발음으로 『해사일기』에 기록하였다. 이 음이 변해 고구마가 된 것이다. 사실 일본에서 고구마는 사쓰마(薩摩)번의 이름을 따 '사쓰마이모(薩摩芋)'라고 부르지만, 지역 방언 특히 한국과 매우 가까운 쓰시마 방언이 바다를 건너 한국으로 들어와 사용된 것이다. 이와 같이 한국어 속에 알아채지 못하는 일본어가 존재한다. 그렇다면 그 반대 경우는 없을까? 그렇지 않다. 일본에서도 알아채지 못하는 한국어가 상대적으로 많이 존재한다. 바다를 건너 일본으로 간 우리말에 대해 살펴보자.

외래어 말고 외행어?

외래어가 '바다를 건너 우리말 속에 들어온 것'이라면 외행어(外行語)와 같은 반대 개념도 있다. 외행어는 '바다를 건너 외국으로 간 우리말' 정도로 해석할 수 있으며, '우리의 말이 세계를 누비며 뻗어 나간 말'이라고 할 수 있겠다. 원래 외행어 개념은 1977년 일본의 미와(三輪)가 '서양 언어 속 일본어 유래의 차용어'라 정의하였고, 1997년 다니엘 롱이 '일본어 기원의 영어'라고 했으며 나중에 이노우에(井上)가 '영어 또는 인근 국가의 말속에 파고든 일본어'라고 정리했다.

이를 우리말에 대입해보면 '전 세계 사람이 알고 있는 우리말', 예를 들어 불고기 같은 말이 이에 해당한다. 이런 말들은 자랑스럽게 우리가 전 세계에 수출한 것이다. 이렇듯 자국을 떠나 전파된 말 그것을 외행어라 칭할 수 있다. 방향성의 문제지만, 수용하는 쪽에서는 외래어라 할 수 있다. 이러한 외행어의 진출은 그 나라 문화의 우수성과 연관된다고 볼 수 있다.

일본에서 못 알아채는 한국말

지리적 근접 효과 덕분인지는 모르겠으나 일본 규슈(九州) 지역
에 상륙한 우리말이 상당수 엿보인다. 일본에서는 명란젓을 '다라
코(たらこ)'라고 부른다. 그렇지만 규슈 또는 긴키(近畿) 지방에서
는 줄여서 '멘타이(メンタイ)' 또는 '민타이(ミンタイ)'라고 부른다.

여기서 멘타이는 우리말
명태가 음차되어 전래된
것이다. 특히 하카타(博多)
지방에서 만들어진 멘타이
코(メンタイコ)는 어느새 이
지역 특산물이 됐고, 지역
을 넘어 일본 전역에서 인
기를 구가하고 있다.

일본 규슈의 명물 '멘타이코'. 한국의 '명란젓'
이 원형으로 그 이름에도 한국말 '명태'가 기원
인 '멘타이'가 들어 있다.

제2차 세계대전 이후 한
반도에서 일본으로 퇴각
한 일본 사람들이 그 시절 한국에서 먹었던 명란젓의 맛을 그리워
하며 하카타에서 그 맛을 재현하기 시작했다고 한다. 이후 멘타이
코 제조를 시작한 가게들이 이 지역에 많아지면서 역과 공항 등에
서 팔리기 시작했고, 자연스럽게 일본 전역으로 급속히 퍼져 나갔
으며 일본 속에서 한국의 맛, 한국어가 전래되는 계기가 마련됐다.

규슈 지역 특히 고토 열도(五島列島)와 야마구치(山口) 방언 중에
는 한국에서 건너간 'チング(친구)'라는 말이 있다. 쓰시마와 규슈
사이에 있는 나가사키(長崎)현 이키(壹岐)의 방언에도 어릴 때부터
친했던 친구, 또는 사이 좋은 친구를 'チング(친구)'라 한다. 특히
이 지역에서는 'ちんぐ(친구)'라고 이름 붙인 소주도 판매되고 있

어 깊숙하게 지역에 뿌리내린 증거로 볼 수 있다. 또한 쓰시마에서는 매년 8월 'チング音樂祭(친구음악제)'를 개최한다. 이는 바다를 건너 일본으로 간 자랑스러운 우리말이다.

우리말 중에 아직 결혼하지 않은 어른 남자라는 의미의 '총각(總角)'이라는 말이 있다. 이것이 일본으로 건너간 외행어라는 사실은 아는 사람이 그다지 많지 않다. 일본 발음으로 '총가(チョンガー)'라고 하는 이 말은 '결혼하지 않은 독신 남자'를 의미하는데 한국에서 예전부터 머리를 땋아 묶고 다닌 데에서 기인한 한자 어휘를 음차하여 쓰고 있다. 총각이라는 말이 한자어였다는 것도 신기하고 그 말이 바다를 건너 일본으로 가서 다이쇼(大正) 시대 초기에 활발히 사용됐다는 점도 매우 흥미롭다.

마지막으로 일본 국민이 매일같이 사용하지만, 한국어인 줄 모르고 사용되는 말 중 '챠린코(チャリンコ)'라는 단어가 있다. 이는 우리나라 '자전거'의 발음이 전래되어 일본의 지역 방언으로 쓰이고 있다. 현재는 '챠리(チャリ)'라고도 줄여 부르고, 활용형으로 '마마챠리(ママチャリ)'와 같이 두 단어를 덧붙여 '엄마들이 주로 타는 자전거' 특히 앞에 바구니가 달린 자전거를 부를 때 사용한다. 원래 '지텐샤(自轉車)'라는 표준어가 있지만, 일상 생활에서는 '챠리'가 훨씬 더 많이 쓰인다. '챠린코'의 어원은 자전거의 벨소리 '챠링(따르릉)'과 우리말 '자전거(チャジョンゴ)'에서 왔다는 두 가지 설이 공존하지만, 한국에서 건너왔다는 설이 훨씬 설득력이 있다.

'챠리', '챠리키(チャリ機)'는 효고(兵庫), 이바라기(茨木) 지역 방언에서도 사용되며 일본 전역으로 퍼져나가 일반인에게 매우 친숙한 단어이다. 그렇지만 그 말이 대한해협을 건너간 우리말이라는 것을 아는 사람은 많지 않다.

더 많은 '문화'를 발신하자

이렇게 일본인이 알아채지 못하고 사용하는 우리말뿐만 아니라 김치(キムチ), 갈비(カルビ), 국밥(クッパ), 비빔밥(ビビンバ), 나물(ナムル), 부침(チヂミ · 찌지미)과 같이 공공연하게 일상생활 속에 자리 잡은 말도 많다.

아이돌 그룹 BTS(방탄소년단)가 발신하는 문화(Soft-power)는 이제 전 세계의 문화로 성장하게 되었고, 멤버들이 언급하고 팬클럽이 따라 하는 단어들인 Maknae(막내), Aegyo(애교), Sunbae(선배), Hoobae(후배), 형(Hyung), Noona(누나), Oppa(오빠), Unnie(언니)와 같은 한국말은 전 세계에서 통용되게 되었다. 그들이 표현하는 행동 '손가락 하트(Korean Finger Heart)' 역시 그대로 받아들여져 쓰이고 있는 시대를 살아가고 있다. (양민호)

놀이문화 속
일제잔재

'쎄쎄쎄'는 어디에서 왔을까

이미 여러 언론 매체에서 다루기도 했지만, 많은 사람이 전래동요나 전래놀이로 알았던 것 중에 일제강점기에 들어온 것이 적지 않다. 예를 들어 두 사람이 마주 보고 다음과 같이 목소리를 맞춰 노래하면서, 서로의 손바닥을 마주치는 아이들 놀이가 있다.

> 쎄쎄쎄 아침 바람 찬 바람에 울고 가는 저 기러기♬
>
> 우리 선생 계실 적에 엽서 한 장 써 주세요~♬
>
> 구리구리 장껨뽀(가위바위보)~♫

가사 안에는 '쎄쎄쎄(せっせっせ)'를 비롯하여 '구리구리(ぐりぐり)', '장껨뽀(じゃんけんぽん)'와 같은 일본식 표현이 담겨 있다. '쎄쎄쎄'는 일본어로 '(손을) 마주 대다, 접촉하다'라는 '셋스루(接する)'라는 의미도 있겠지만, 보통 놀이에 앞서 준비 동작을 하면서 자연스레 발생된 표현이기도 하다. 그리고 '구리구리'는 '동글동

동북아 바다, 인문학으로 항해하다

글’, ‘빙글빙글’과 같이 손을 돌리는 동작의 의태어이며, ‘장껨뽀’
는 일본어로 ‘가위바위보’이다. 그래서 아이들이 노래를 부르며 말
미에는 이기고 지는 행위를 ‘가위바위보’로 정하는 놀이이다.

이와 같은 손동작 놀이는 일제강점기를 거쳐 전래동요처럼 전
해져 현재까지 남아 있다. 이 놀이는 어떻게 시작됐을까? 그 유래
가 확실하지는 않지만, 거슬러 올라가면 일본 에도 시대의 유흥
문화에 뿌리가 닿는다는 설과 주장은 그간 적지 않은 언론 매체에
서 다뤄져 왔다. 에도 시대 유흥가의 유녀들의 활동과 연관된 노래
라는 것이다.

‘우리 집에 왜 왔니?’라는 놀이도 있다. 일본어로는 ‘하나이치몬
메’라고 한다. 유래를 살펴보자. 두 팀으로 나누어 ‘갓테 우레시이
(勝って嬉しい) 하나이치몬메, 마케테 구야시이(負けて悔しい) 하나
이치몬메’라고 하며 번갈아가며 노래 부른다. 의미는 ‘이겨서 기쁜
꽃 1문(화폐 단위), 져서 분한 꽃 1문’으로, 꽃을 사고자 할 때 값이
깎여서 슬픈 판매자와 싸게 사서(이겨서) 기쁜 매수자의 모습을 표
현한 놀이라는 설이다. 보통 여기서 꽃은 젊은 여자로 비유되는 보
편적 은어(隱語)인 셈이 된다.

전국의 편 가르기 놀이 언어

골목놀이를 시작할 때는 편을 갈라야 한다. 이때 우선 두 팀으
로 나눌 경우, 손을 내밀어 손등과 손바닥으로 구분하는 방식이
가장 많이 행해진다. 부산 사람들은 ‘편 먹기, 편 먹기, 시달려도
편 먹기’ 놀이를 떠올릴 것이다. 그런데 이 구호 안에는 우리가 알
아채지 못했던, 바다 건너 일본에서 온 말이 많이 숨겨져 있다. 최

근에 이르기까지 부산에서는 '덴디', '젠디'라고 하고 서울에서는 '데텐찌'라고 한다. 대전에서는 '우에시다리', 전주에서는 '으라으 문테'라는 표현이 있다. 이를 나타낸 '편가르기 전국지도'가 몇 년 전부터 인터넷에서 유명세를 타기도 했다. 주문을 외우듯 시작하는 이러한 골목놀이의 구호는 일제강점기에 시작된 것으로 추측된다. 우선 전국의 편가르기 구호에 대하여 일부 지역의 예를 통해 알아보자.

서울: 데텐찌 / 인천: 엎어라 뒤집어라 / 평택: 엎어라 젖혀라

강릉: 편~짜 편자 편!짜! / 태백: 덴뽀, 아래 위

충주: 데찌 / 대전: 우에시다리 / 논산: 흰둥이 검둥이 /

부여: 이거~이거! 오니 뽑기

전주: 우라우문테 / 광주: 편뽑기 편뽑기! / 순천: 우라무라때 /

광양: 소라이소라이에춰

부산: 덴디, 젠디 / 진주: 덴찌뽀 / 김해: 젠디, 하늘과 땅 /

포항: 타안타안비

제주: 하늘과 땅이다 일러도 모르기

앞서 설명한 것처럼 전국에는 도저히 알아듣기 힘든 주문(呪文)과 같은 형태도 있고, 흰둥이 검둥이처럼 순수 우리말도 섞여 있다. 요즘은 '엎어라 뒤집어라', '엎어라 젖혀라'처럼 바로 듣고 알아차릴 수 있는 표현이 주로 사용되지만, 이런 언어는 여전히 현실에 존재한다.

우선 '데텐찌'는 일본 발음이다. 손등과 손바닥을 가리키며 주로 편을 가를 때 '데텐찌' 하면서 손등이나 손바닥을 내밀고, 같은 것

을 내민 사람끼리 같은 편이 된다. 일본어 한자 '手天地'에서 따온 말이다. 손을 가리키는 '테(手)'와 '하늘'과 '땅'을 의미하는 텐찌(天地)이다. 서울을 중심으로 가장 많은 지역에서 쓰며, 변형으로 볼 수 있는 것이 '덴디', '젠디'다. 그리고 주로 대전지역에서 사용한다는 '우에시다리' 역시 '위(우에 上)', '아래(시타 下)'의 발음이 변한 형태로 볼 수 있고, 전주에서 쓰는 '으라으문테'는 '뒤' 또는 '안'을 의미하는 '우라(裏)'와 '앞' 또는 '겉'을 의미하는 '오모테(表)'를 나타낸다. 언어지리학적으로 대한민국을 나누어 보면, 서울을 중심으로 한 '데텐찌' 지역, 부산을 중심으로 한 동쪽은 '덴디'를 포함하여 '하늘 땅'으로 구분되는 지역이다. 중부 및 남부 서쪽은 '으라으문테', '우에시다리' 등과 같이 '안과 겉' 또는 '위, 아래' 등으로 기타 표현 지역으로 나눌 수 있다. 이러한 편가르기 놀이 구호는 일제강점기 바다를 건너 일본에서 들어온 것으로 판단되는데 현재 일본에서는 '데텐찌' 구분법은 거의 보이지 않으며 '우라오모테' 방식의 편 가르기 방식이 남아 있다.

앞서 언급한 것처럼 사실 이러한 놀이는 1900년대 초반 일제강점기를 거치면서 서민의 기층문화로서 전해져 온 것이 많다. 일본이 조선의 식민지 체계 구축을 위해 교육목표를 설정하였고, 교과과정에 그러한 교육이념을 담았다. 1911년부터 1945년까지 1차에서 4차에 걸친 조선교육령을 발표하고 식민교육을 했다. 그런 과정에서 서민의 기층문화 즉 놀이문화 속까지 일본어는 스며들었다.
(양민호)

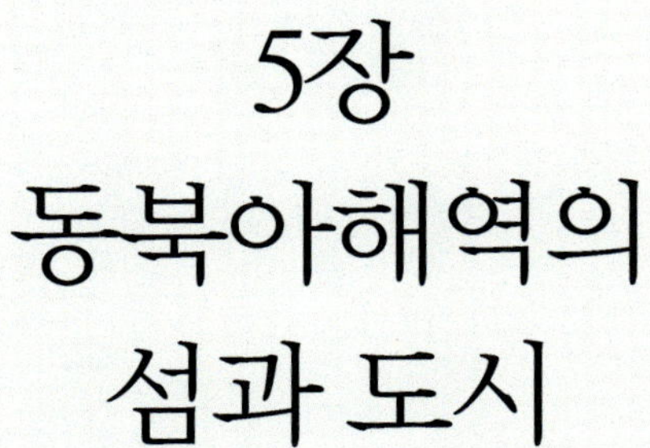

5장
동북아해역의 섬과 도시

다시 보자!
'섬과 해역'

교통수단이 발달하지 못했고 육로 이동이 쉽지 않았던 고대에는 가능한 경우 바다를 통해 이동이 이루어졌다. 먼 거리를 항해하는 배들은 이동 과정에서 여러 차례 해안이나 섬에 정박하여 쉬어 가고 태풍 같은 위험을 피하기도 하면서 여정을 완성했다. 섬은 바다에 놓인 징검다리 같은 소중한 존재였는데, 그 옛날 섬을 징검다리로 삼고 동북아해역을 넘나들었던 사례는 적지 않다.

섬은 바다의 징검다리

먼저 기원전으로 거슬러 올라가면, 진시황의 책사로 우리나라까지 불로초를 구하러 왔던 서복(徐福)을 만날 수 있다. 그는 중국 진황도에서 출발해 타이완, 혹은 일본으로 갔다고도 하고, 우리나라에도 제주도를 비롯해 남해도, 거제도 등 여러 곳에 흔적을 남겼다고 전해진다.

서복은 백령도, 소청도, 대청도를 지나 마전도, 고사도, 득물도,

동북아 바다, 인문학으로 항해하다

선유도를 거쳐 진도를 돌아 남해도 금산 바위에 암각화를 그려 놓고 백도, 제주도에 이르렀다고 하며 제주도 정방폭포 바위에 '서복이 이곳을 지나간다(徐市過此)'라는 글귀를 새기고 떠났다는 이야기가 있다.

서귀포라는 지명 자체가 서복이 '서쪽으로 돌아간 포구'라는 말에서 유래했다는 것과 정방폭포 옆에 서복전시관과 서복공원이 있다는 사실을 아는 사람은 의외로 많지 않다. 시진핑 중국 국가주석이 저장성(浙江省) 당서기 시절 이곳을 다녀간 뒤 국가주석 자리에 올랐고, 다른 중국 관료들 역시 대부분 승진했다는 사실을 활용해 서귀포시에서는 이곳을 다녀가면 승진하게 된다는 펼침막까지 내걸고 적극 스토리텔링을 하고 있다는 사실이 재밌다.

신라의 장보고는 완도(즉, 청해진)를 근거지로 해적을 소탕하고 신라와 당나라, 일본을 잇는 무역을 주도했다. 그는 완도, 흑산도, 적산포(산둥반도)로 이어지는 바닷길을 오가며 무역 활동을 했고 다시 완도, 하카타(규슈), 오사카, 교토를 오가며 대한해협과 세토내해를 헤치고 다녔다. 『입당구법순례행기(入唐求法巡禮行記)』로 잘 알려진 일본의 구법승 엔닌 대사(圓仁大使)는 적산포에서 충청도 앞바다를 거쳐 전라남도의 고이도, 황모도, 안도를 지나 대마

대마도에 있는 통신사비, 곽수경 제공

동북아해역의 섬과 도시

도, 규슈로 항해했다. 고려시대 송나라 사신 서긍(徐兢)은 계절풍과 해류를 타고 중국 명주(明州·닝보의 옛 이름)에서 흑산도를 거쳐 서해안을 따라 고려에 왔고, 통신사는 부산에서 대마도, 이키섬을 거쳐 시모노세키, 오사카, 교토에 도달했다.

조선 후기 전라남도 우이도 출신 홍어 장수 문순득은 홍어를 사러 출항했다가 표류하게 되었는데, 흑산도 남쪽에서 표류해 3년간 일본 가고시마와 오키나와, 필리핀, 마카오, 중국을 거쳐 조선으로 돌아왔다. 당시 우이도에 유배와 있던 정약전이 문순득이 해외에서 보고 듣고 체험했던 이야기들을 듣고 『표해시말(漂海始末)』에 실었고 정약용 등도 여러 저술에 문순득의 경험담을 활용했다.

한국이 세계 4위 섬 보유국?

이처럼 다양한 시대에 다양한 인물이 무역, 외교, 종교, 표류 등 다양한 이유로 동북아해역을 넘나들며 항해했는데, 이때 섬이 징검다리 역할을 하며 쉼터나 피난처가 되기도 했고 그런 가운데 다양한 해양네트워크가 형성됐다. 이렇게 보면 동북아해역의 해양네트워크와 그것이 보여준 역동성은 결코 어제오늘 일이 아니었던 듯하다.

해양의 시대라고 일컬어지는 오늘날 특히 바다를 거느린 섬의 가치는 무궁무진하다. 연안국이 주권을 행사할 수 있는 영해(領海)는 기선을 기준으로 정해지는데, 우리나라는 해안선이 완만한 동해안은 썰물 때 해안선을 기준으로 한 통상기선을, 서해안과 남해안은 직선기선을 기준으로 12해리 내에서 영해의 폭을 설정하고 있다.

'엄지 척!'의 느낌을 살려서 찍은 독도 사진. 송기태 목포대 도서문화연구원 HK교수 제공

직선기선은 해안 굴곡이 심하거나 섬이 산재해 있을 경우 해안 끝이나 가장 바깥에 있는 섬을 연결한 선을 말한다. 따라서 섬은 영해 설정뿐만 아니라 배타적 경제수역과 대륙붕 등 국가의 관할 해역을 결정할 수 있다는 점에서도 그 가치가 매우 크다. 오늘날 동아시아 해역에서 심심찮게 벌어지는 도서 분쟁도 바로 해역을 차지하기 위한 분쟁이다.

3000개가 넘는 섬을 가진 우리나라는 인도네시아 1만 7000여 개, 필리핀 7000여 개, 일본 약 7000개에 이어 세계 네 번째로 섬이 많은 나라라고 종종 언급되지만, 이는 아무리 봐도 틀렸다. 아시아만 해도 중국이 6500개가 넘는 섬을 가지고 있다 하고, 전 세계적으로는 스웨덴이 22만여 개, 핀란드가 약 19만 개의 섬을 가지고 있다는 통계도 있기 때문이다. 게다가 최근 섬을 주제로 열린 한 토론회에서는 우리나라 섬이 1만 2000개라는 발표도 있었다고

동북아해역의 섬과 도시

한다.

이건 도대체 어찌 된 영문인가? 바다 위로 솟은 작은 땅덩어리라고 여겨지는 섬이 실상 우리가 생각하는 것 이상으로 복잡한 모습을 하고 있기 때문이다. 바다에 있는 섬도 있고, 강이나 호수에 있는 섬도 있다. 바다에 있는 섬 중에는 썰물 때든 밀물 때든 항상 물 위에 드러난 것도 있고 간조와 만조에 따라 드러났다가 잠겼다가 하는 것도 있고, 또 식생이 있는 섬과 없는 섬이 있으며 큰 섬도 있고 작은 섬도 있다.

도서(島嶼)라는 말만 하더라도 단순히 섬의 한자어 표기라고 생각하기 쉽지만, 실은 각각 큰 섬과 작은 섬을 의미하는 도와 서를 구분하고 있다. 말이 세분화되어 있다는 건 쓰임새가 세분화되어 있음을 뜻한다. 우리말에 섬을 뜻하는 단어가 하나밖에 없다는 것은 오랜 옛날부터 섬을 멀리하고 홀시했던 데서 기인한 것은 아닐까?

중국·일본이 치열한 이유

반면 일본은 섬나라라는 이유가 크겠지만, 일찍부터 섬의 가치를 깨닫고 적극적인 섬 정책을 펼치고 있다. 그 결과 육지 영토의 10배가 넘는 해양영토를 가졌다. 일본의 해양영토는 현재 세계 6위인데 세계 3위까지 끌어올리려 한단다. 그들이 도쿄에서 1700~1800km나 떨어진 태평양상의 암초 오키노도리시마와 미나미도리시마를 언젠가 섬으로 인정받고 독도와 센카쿠열도와 쿠릴열도의 섬을 차지하게 된다면, 헛된 꿈은 아닐 것이다.

오랫동안 대륙국가의 정체성을 갖고 있었고 전형적인 대륙국가

동북아 바다, 인문학으로 항해하다

로 분류돼왔던 중국도 마침내 해양강국을 선언하고 나섰다. 국가해양국 산하 해도연구센터(海島研究中心)에 해도개발처, 해도보호처를 두고 해도 개발과 보호 연구 등에 주력한다. 중국은 남중국해에서 여러 나라와 치열한 도서 분쟁을 벌이고 있고, 특히 난사군도(南沙群島)에서는 인공섬을 건설해 필리핀에 국제적 제소까지 당했지만 국제중재재판소 판결마저 거부하고 갖은 방법으로 자국 섬으로 만들어 가고 있다.

중국과 일본의 행보를 보고 있자면 우리도 인공섬을 건설하고 암초도 섬이라고 우겨야 할 것 같은 생각마저 든다. 법은 시대가 흐르면 바뀌기 마련이고 섬의 정의도 바뀌니 언젠가 유효하게 될 지도 모를 일인 것이다. 때로 우리나라에 섬은 독도만 있는 것처럼 생각될 때가 있다. 독도 문제에만 발끈할 것이 아니라 우리 섬과 바다, 동북아해역에 관심이 필요하다. (곽수경)

동북아해역의 섬과 도시

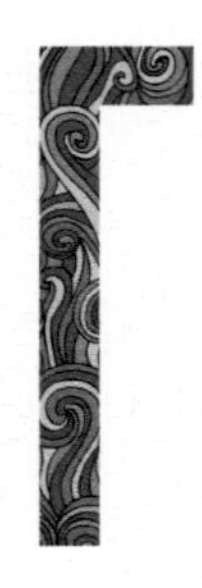

역사의 바다,
통영과 한산도

'받아들이다'라는 어원을 가진 바다는 흔히 교류의 통로로 여겨지지만, 충돌과 갈등의 공간이기도 하다. 대항해시대라 불리는 15, 16세기에 유럽인들이 바다로 나섰던 이유는 순수한 모험과 탐험이 아니었다. 대항해시대의 문을 연 포르투갈의 엔히크 왕자는 이슬람 상인을 거치지 않고 인도의 향신료를 가져갈 무역로를 찾기 위해 수많은 뱃길을 개척했고, 그의 후원을 받은 자들이 탐험했던 지역은 식민지가 되었다. 바스코 다 가마의 인도항로 개척이나 콜럼버스의 신대륙 발견도 무역 이윤을 위한 항로 개척과 해외영토 확장을 위한 것이었고, 그것이 발견이 아니라 원주민의 땅을 정복하고 약탈했던 것이었음을 상기하면 확실히 그렇다. 콜럼버스가 아메리카 대륙에 도착한 1492년 10월 12일을 미국은 '콜럼버스의 날'로 기념하지만, 볼리비아나 베네수엘라를 비롯한 중남미 일부 국가는 '원주민 저항의 날', 우루과이 원주민은 그 전날인 10월 11일을 '마지막 자유의 날'로 기념하는 것은 시사하는 바가 크다.

조선을 구해낸 바로 그 바다

동북아해역에서도 당연히 충돌과 갈등이 있었다. 그 대표적 사건이 임진왜란이다. 이순신 장군이 우리나라 서남해안을 종횡무진한 덕에 오늘날 우리 삶이 있음은 말할 것도 없고, 웬만한 지자체에서는 이순신 관련 축제와 행사를 여는 호사를 누린다. 부산에서는 2019년 4월 (사)부산대첩기념사업회와 부경대 인문한국플러스(HK+)사업단이 '부산포해전의 역사적 의의와 가치' 학술대회를 열기도 했다.

부산포해전은 조선 수군이 전라좌수영에서 부산으로 전진해 일본 본진의 군선 100여 척을 격파한 전투로, 조선으로 건너와 전쟁을 지휘하려던 도요토미 히데요시의 의지를 꺾으며 임진왜란 초기 해전을 끝낸 중요한 전투였다. 그것은 옥포, 당포, 한산대첩에 이어 임진년 해전의 대단원이었다고 하는데, 그 이해의 연장선에서 한산대첩 현장이었던 역사의 바다를 찾아 통영과 한산도를 살펴보자.

통영과 충무라는 시명(市名)이 삼도수군통제영과 충무공에서 각각 유래했음을 알면 통영의 역사를 짐작할 수 있다. 통영은 삼도수군통제영(三道水軍統制營)을 줄인 말로, 선조 37년(1604년) 통제사 이경준이 지금의 통영시로 통제영을 옮기면서 처음으로 명칭을 사용하게 됐고, 통영군이 시로 승격하면서 충무공 시호를 따서 '충무'라고 했다가 다시 통영이 됐다. 그래서 충무김밥의 고향이라고 알려졌던 충무가 어느 날 통영으로 바뀌어 한동안 사람들을 헷갈리게 했지만, 원래 이름이 통영이었으니 제자리를 찾은 셈이다.

부담 없는 한산도 나들이

통영은 동피랑마을과 서피랑마을, 박경리와 유치환, 백석, 윤이상을 비롯한 작가와 예술가의 거리, 청마문학관, 해상케이블카, 해저터널, 삼도수군통제영과 세병관, 충렬사, 남망산조각공원과 이순신공원 등 자연과 문학예술, 역사에 이르기까지 다양한 관광자원을 부지런히 발굴한 통영시의 노력에 더해 텔레비전 예능프로그램 등으로 유명세를 누리는 인기 관광지이다. 여기에 욕지도, 매물도, 사량도, 비진도, 연대도, 만지도 등 570여 개 섬이 한려수도임을 자랑하는 것을 보면 가진 것이 참 많은 곳이다.

하지만 최근 관광을 앞세운 섬들이 인기를 얻으면서 우리 역사에서 참으로 중요한 섬 한산도가 있다는 사실은 많이 잊히고 있다 생각하기 쉽다. 하지만 현지에 가보면 의외로 방문객이 많다는 것을 알 수 있는데, 한산도는 역사성을 떠나 접근성이 좋기 때문이다. 배가 자주 운항하는 데다 승선 시간도 짧고 뱃삯도 저렴해 부담 없이 방문할 수 있다. 역사의 현장을 가보겠다 작정하고 한산도를 간 것이 아니라하더라도 배에서 내리면 곧바로 제승당으로 이어지는 산책로를 걸으며 잊고 있던 역사를 떠올려볼 수 있으니 좋은 일이다.

한산도는 한산면의 65개 유인도와 무인도 가운데 가장 큰 본섬이다. 특히 그 앞바다에서 한산대첩이 벌어졌으며 임진왜란 때 이순신 장군 휘하의 삼도수군통제영이 자리했던 곳이다. 한산대첩은 판옥선 5, 6척을 보내 왜선 73척을 한산도 앞바다로 유인한 다음 그 유명한 학익진 전법으로 왜선을 격파하고 대승을 거둔 해전으로, 진주대첩, 행주대첩과 함께 임진왜란 3대첩이자 살라미스해전(기원전 480년 그리스와 페르시아), 칼레해전(1588년 8월 6일 스페인과

동북아 바다, 인문학으로 항해하다

한산도 입구의 거북등대. 곽수경 제공

영국), 트라팔가 해전(1805년 3월 30일 프랑스와 영국)과 함께 세계 4대 해전으로 꼽힌다.

여전히 곳곳에 남아 있는 임진왜란의 흔적

과연 격전이 벌어졌던 곳인 만큼 한산도에는 마을 곳곳이 역사를 담고 있다. 우리 수군이 진을 치고 삼도수군통제영과 연락했다는 진두(津頭)마을, 3000석 가량 군량미를 비축했던 창고가 있었다는 창동(倉洞)마을, 삼도수군통제영 전선들이 정박했다는 입정포(立定浦)마을, 군복을 빨아 널어 말렸다는 의암(衣岩)마을, 해상전투에서 패퇴한 왜군의 도주 함선과 패잔병 일부가 한산만의 좁은 물길로 쫓겨 들어와 "바닷길이 열려 있는지" 물었다는 문어포(問語浦)마을, 문어포에서 속은 왜군들이 수로가 막힌 것을 알고 산허리를 뚫고 도망하려고 개미 떼처럼 엉겨 붙어 파 놓은 지형이 개미허리 모양 같다 하여 이름 붙은 의항(蟻項)마을 등등. 이런 이야기 자체로도 흥미롭지만 의암마을은 옷바위, 의항마을은 개목 혹은 개미목이라고 불렸다는 등 주민들이 들려주는 원래 지명 이야기가 더 재밌는데 지금은 모두 한자로 바뀌어 아쉽다.

한산도 제승당 실내 모습. 곽수경 제공

한산도 선착장 가까이 있는 제승당은 임진왜란 때 이순신 장군이 장수들과 작전회의를 했던 곳이다. 장군은 1593년 7월 15일부터 1597년 2월 26일 한양으로 붙잡혀 가기까지 3년 8개월 동안 이곳에 진영을 설치하고 왜적 소탕 작전도 짜고 총통(銃筒)과 같은 신무기 제작과 보급에 힘쓰는 등 모든 군무(軍務)를 관장했다. 이곳에서 1491일 분량의 『난중일기』 중 1029일 치의 일기와 많은 시를 썼다.

동북아 바다, 인문학으로 항해하다

감개무량 통영 바다

통영에서는 통영항여객선터미널에서 한산대첩 전투 군상이 있는 한산대첩광장, 거북선 모형이 있는 문화마당, 서피랑과 충렬사, 삼도수군통제영과 객사인 세병관을 보고 동피랑에 들러 이순신공원을 돌아보면 역사 공부를 제대로 하는 셈이다. 동피랑마을과 서피랑마을은 단순히 예쁜 그림과 카페가 있는 벽화마을이 아니라 원래는 성을 잘 방어하고자 유리한 지세에서 대포를 쏠 수 있게 만든 동포루와 서포루가 있는 곳이다.

이순신공원은 한산대첩이 벌어졌던 바다가 훤히 내려다보이는 곳에 이순신 장군 동상이 서 있어, 장군이 바다를 굽어보며 호령하는 듯한 기개를 느낄 수 있다. 그 옛날 치열했던 전투는 상상조차 할 수 없이 지금은 멀리 바다 위에 장식처럼 떠 있는 양식장 부표와 평화로이 오가는 여객선이 한 폭의 정물화 같은 풍경을 연출하고 있지만, 그 속에서 격동의 바다와 역사의 무게는 여전히 느껴진다. (곽수경)

동북아해역의 섬과 도시

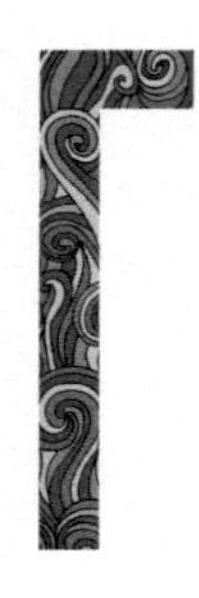 

고대 국제무역의
중심, 완도

　부산시 영도구에 있는 국립해양박물관은 교통편이 좋지 못함에도 불구하고 다양한 연령층의 관람객이 즐겨 찾는 곳 중의 하나이다. 대형 수족관 속에서 유영하는 크고 작은 어류, 미니 수조 안에서 숨었다 꼬물꼬물 나타났다 하는 신기한 모양의 해양생물과 원색의 알록달록한 물고기는 어른 아이 할 것 없이 모두의 관심 속에 연신 카메라 세례를 받기 바쁘다. 이어지는 관심은 세계해도첩, 세계의 주요 해양 탐험로, 선사시대부터 개항기까지 우리의 해양 활동, 통신사 노정, 표류 · 귀환 경로 등의 해양 교류와 네트워크, 그리고 해양 영웅 같은 전시물로 옮겨간다. 세계의 해양 영웅으로 소개되는 인물 중에서 포르투갈의 네브가도르 엔리케와 바스코 다 가마, 이탈리아의 콜럼버스와 마르코 폴로, 스페인의 마젤란, 영국의 제임스 쿡, 노르웨이의 로알 아문센, 중국의 정화와 정성공 등 비교적 익숙한 이름 외에도 잘 알지 못했던 인물들이 상당수 소개되고 있어 우리의 지식창고 한켠을 채울 수 있다.

동북아해역을 누빈 장보고

이쯤 되면 당연히 우리나라 해양 영웅은 누가 있을까 궁금해진다. 박물관에서 선정한 인물은 장보고, 이순신, 안용복이다. 다른 나라의 해양 영웅이 주로 개척자나 정복자, 혹은 상인 신분인 반면 우리나라의 세 영웅은 각기 그 성격과 역할이 다르다. 이순신 장군과 안용복은 우리나라를 수호한 인물이다. 조금 구체적으로 들어가 보면 이순신 장군은 국가의 위기 앞에서 세계사적 해전을 치러 나라를 지켜냈다. 조선의 어부 안용복은 국가의 공도정책(空島政策) 속에서 두 번이나 일본으로 가서 일본 정부로부터 울릉도와 독도가 조선의 영토임을 확인받아 우리의 해양영토를 수호했다. 이들이 방어적 의미에서 나라를 지킨 인물이라면, 장보고는 한·중·일 3국을 넘나들며 해상무역을 주도하고 해상 네트워크를 형성해 바다를 개척한 인물이다. 그는 신라시대에 동아시아 해상권을 장악하고 동서양의 무역망을 하나로 연결해 해상실크로드를 완성했다. 장보고야말로 그 시선을 세계로 확장해 진정 동북아해역을 힘차게 누볐던 인물이라고 할 수 있다.

장보고는 이미 역사책을 통해 익숙한 인물이지만 특히 최수종이 장보고 역할을 맡았던 드라마 〈해신〉으로 대중적인 인기를 얻기도 했다. 미천한 신분이었던 장보고는 당나라로 건너가 젊은 나이에 무령군 소장을 지냈으며 신라인이 해적에 납치되는 것을 보고 청해진을 설치한 뒤 대사가 됐다. 해적을 소탕하고 서남부 해안의 해상권을 장악한 장보고는 신라와 당, 일본을 잇는 해상무역을 주도했으나 자객에게 암살당했다. 한때 동북아해역을 호령했던 그의 흔적을 찾아볼 수 있는 곳으로는 청해진 유적이 있는 장도와 장보고기념관, 장보고공원, 장보고어린이공원 등이 있고 이

동북아해역의 섬과 도시

들과 다소 떨어진 곳에 청해포구촬영지가 있다.

완도 곳곳에 살아 있는 장보고

265개의 섬으로 구성된 완도는 오늘날 흔히 부자 섬으로 알려져 있다. 그도 그럴 것이 대표적인 패류 양식 품종인 전복 생산량은 전국의 80% 이상을 차지하고, 다시마 70%, 톳 60%, 미역 54%를 생산하는 등 각종 해조류 양식이 활발하게 이뤄진다. 여기에 국제해조류박람회와 장보고수산물축제를 개최하고 '대한민국 청정 바다 수도 완도'를 표방하며 해양치유산업에도 주력하고 있다. 이런 모습은 장보고의 후예들이 무역 선단을 이끌고 세계로 뻗어 나가고자 했던 조상의 기질과 정신을 이어받은 것이라고 하면 억지일까?

아무튼 그 옛날 동아시아 국제 해상무역의 거점항이었던 완도는 오늘날에도 장보고를 브랜드화하고 해양산업에 열을 올리고 있다. 한 예로 장보고기념관, 장보고공원, 장보고어린이놀이공원, 장보고 동상, 장보고대교, 장보고대로 외에도 장보고 이름은 마트, 빌라, 민박집, 인력센터 등에서 쉽게 볼 수 있다.

장보고의 해양 개척정신 되살려야

장보고기념관을 중심으로 남쪽에 장보고 동상이 있다면 북쪽의 장도라는 섬에 청해진 유적지가 있다. 장도에 관한 설명 중에 바다를 천연의 해자(垓子)로 활용한 매우 독특한 형태라고 하는 것이 인상적인데, 말 그대로 바다가 천연의 요새 역할을 했을 것이다.

청해진 마을주민과 병사 가족들이 식수와 빨래터로 사용했다는 장군샘. 곽수경 제공

그곳은 원래 인근 주민이 밭으로 이용했지만 1959년 사라호 태풍 때 갯벌이 깎여 방어 혹은 접안 기능을 했을 것으로 추정되는 목책(원목열)이 드러나면서 알려지게 됐다. 1991년부터 2001년까지 3차례에 걸쳐 발굴이 진행돼 복원됐고 출토된 통일신라와 당나라 유물은 장보고 해상활동의 근거지로서 청해진의 실체를 규명하는 기초 자료가 되고 있다.

장보고가 이끌던 선단은 중국 남방지역에 진출해 아랍 상인과 교역하며 이슬람 도자기, 유리 제품 등을 신라와 일본에 공급했고 동남아시아와 서아시아까지 왕래해 국제 해상무역을 주도했다. 이때 본거지가 됐던 청해진은 일본 하카타(博多)와 중국의 츠산(赤山), 쑤저우(蘇州), 양저우(揚州) 등지를 잇는 동아시아 무역의 중심지로 동남아, 인도 항로, 동아시아 항로를 연결했다. 이를 통해 신

청해진에서 바라본 완도 바다. 곽수경 제공

라와 일본으로 이어진 세계무역, 즉 해상실크로드를 완성해 해상을 통한 문물 교류에 크게 이바지했다고 한다. 828년에 설치된 청해진은 장보고가 죽은 지 23년 만에 폐진되고 청해진에 있던 사람들도 강제로 추방당했다고 하는데, 바다를 통해 세계로 뻗어 나가려 했던 그 힘찬 기세와 찬란했던 영화(榮華)가 힘없이 사라진 것이 못내 아쉽다.

오늘날 바다는 우리에게 여전히, 어쩌면 과거보다 훨씬 중요한 가치로 다가오고 있다. 여전히 동북아해역의 중심에 있는 우리는 지금이야말로 중국이 21세기 해양실크로드를 하나의 축으로 하는 일대일로 정책을 내세워 바닷길을 장악하려 하고, 일본이 섬 늘리기로 해양영토 확장에 집착하는 속내를 제대로 파악해 장보고가 가졌던 해양 개척정신을 되새겨야 할 때이다. (곽수경)

동북아 바다, 인문학으로 항해하다

탐나는 섬, 제주도

오늘날 국제적 관광지가 되어 연인원 1000만 명이 찾는다는 제주도가 아득한 옛날에는 육지였다는 사실을 아는 사람은 많지 않은 것 같다. 제주도에 사람이 살았다고 확인된 것은 4만 년 전으로 거슬러 올라간다. 당시 제주도는 육지와 연결되어 있었으나 빙하기가 퇴조함에 따라 해수면이 상승하면서 점차 섬이 되었다.

예부터 동북아해역 교류의 허브

우리나라 지도를 자세히 들여다보면 지금의 제주시에서 육지쪽으로 완도, 강진, 해남과 마주하고 있음을 알 수 있다. 그중 제주도의 옛 이름인 탐라(耽羅)는 강진의 옛 이름 탐진(耽津)에서 유래했다는 점만 생각해도 제주도와 강진이 서로 왕래가 빈번했음을 짐작할 수 있다. 실제로 "제주 사람들이 육지에 올 때 탐진을 통해 건너왔는데 임금이 그들을 반기고 그 사람들이 사는 지역을 탐라라고 이름을 붙여주었다"고 한다. 그리고 한반도와 제주도는 신라시대 이전부터 교류했을 것으로 추측되지만 기록상으로는 신라시대부터 공식적으로 교류했다고 하는데, 당시 제주도는 탐진을 관문으로 삼아 육지와 교류했다. 다산 정약용은 「탐진어가(耽津漁歌)」라는 시에서 "19세기 초에 강진 사람들이 울릉도까지 왕래했고 제주 상인들이 수시로 강진을 오가며 상거래를 했다"는 사실을 노래했다.

시선을 조금 더 넓혀 제주도의 동서남북 방향을 보면 각각 일본 규슈, 중국 동쪽 해안, 일본 류큐와 타이완, 필리핀 그리고 한반도가 자리하고 있어 동아시아 해양허브로 손색이 없음을 알 수 있다. 고려 숙종 10년인 1105년 탐라군으로 개편돼 고려의 지방정부로 편입되기 전까지 탐라국은 우리의 고구려·백제·신라, 중국의 한·수·당·송, 그리고 일본 등 주변국과 활발하게 교류했다.

일찍이 진시황의 책사였던 서복이 불로초를 구하려고 제주도에 왔다는 이야기나 일본 나가사키로 향하던 하멜 일행이 제주도로 표착한 이야기, 제주에서 백제에 조공을 바쳤다는 기록, 조선시대 장영철이 과거를 보기 위해 제주도에서 강진으로 가던 중 표류하여 12일 만에 청산도에 이르렀다는 이야기가 모두 제주도와 연관된다. 최부 일행이 제주도에서 해남으로 가던 중 중국 저장성(浙江省) 해안에 표착했다는 『표해록』과 제주도에서 일본 오키나와, 필리핀, 마카오 등지를 표류했던 홍어장수 문순득 이야기도 유명하다.

제주 해역에서 일본 나가사키, 중국 상하이, 베트남 등지로 표류한 사람들에 관한 기록을 보면 제주도는 주로 강진과 해남, 완도 등 전라남도의 서남해안 지역과 뱃길이 통했고, 바람을 타면 일본과 중국, 동남아시아로 오갈 수 있었음을 알 수 있다. 제주도에서

동북아 바다, 인문학으로 항해하다

제주도 서귀포시 안덕면에 있는 용머리하멜상선전시관 모습. 조선 시대인 17세기 일본 나가사키로 향하던 네덜란드 선원 하멜 일행은 이곳에 표착한다. 곽수경 제공

중국, 일본, 오키나와 등으로 표류했거나 중국, 일본, 동남아국가에서 제주도로 표착했다는 기록과 유물은 중국과 일본 사이에 위치한 제주도가 고대부터 자연스레 동북아해역의 교류 허브 역할을 했음을 보여준다.

상처 입고 몸살 앓는 현실

근대에 이르면 19세기에 영국, 프랑스 등의 함대가 해로 탐사라는 명분을 내세워 제주도 인근에 자주 출몰했고, 우리나라 개항과 더불어 제주 어장에 대한 일본의 침탈이 가속화되면서 우리나라 해녀의 원조인 제주 해녀들이 제주도를 벗어나 부산, 울릉도, 일본, 중국 등으로 출가(出稼)했다. 부산시 영도구 중리에 2019년 조성된 '영도해녀문화전시관'에 가면 입구에 제주도에서 기증한 제주해녀상이 있다. 설명문에 따르면 제주 해녀가 제주도를 떠나 처음으로 외부로 진출한 곳이 바로 부산 영도라고 한다. 해녀뿐 아니라 일제강점기에는 수산업, 목축업, 산림업 할 것 없이 모든 분야에서 일제 침탈이 강화되자 제주 사람들은 새로운 노동시장을 찾아 일본 오사카 등지로 많이 진출했다.

근대 시기 제주 사람들의 안타까운 해외 진출과 마찬가지로 오늘날 수많은 국내외 관광객의 제주도 유입을 바라보는 마음도 편할 수는 없다. 2002년 제주도가 국제자유도시로 지정되고 2006년 제주특별자치도가 출범하면서 몰려든 중국인의 제주도 땅 사재기가 우려스럽더니 이제는 육지 사람들의 투기에 가까운 땅 매입 역시 공공연하고 제주도와 목포, 또는 중국을 잇는 해저터널 건설 제안, 제2공항 건설을 둘러싼 갈등, 자동차 도로를 넓히기 위해 천연기념물인 500~800살 아름드리 비자나무를 뭉텅이로 잘라 버린 사건으로도 부족한지 유네스코 세계자연유산마을이자 람사르습지마을인 선흘리 곶자왈에 17만 평 대형 열대동물원 건립 계획이 제기돼 취소해달라는 국민청원 글이 올라오고 있다.

"생태관광의 새로운 패러다임 제시", "자연과 동물의 조화로운 삶, 자연생태체험 교육의 장, 야생동물 보전과 보호"라는 홍보문구보다 "비와 눈이 많이 오는 제주도 중산간지역에 열대 동물원을 건립한다는 발상이 가능한가"라는 비판의 목소리가 훨씬 현실적으로 다가온다. 그럼에도 자연을 거스르고 환경을 파괴하는 정책과 행태에 대해 제주도 사람들이 내는 반대 목소리는 무시되고 있는 형편이다. 이 글을 쓰는 내내 제목을 '탐났던'이라는 과거형으로 써야 하지 않을까 망설이게 한 이유였다. 하지만 〈탐나는도다〉라는 텔레비전 드라마 제목처럼 제주도는 여전히 가진 것이 많은 탐나는 섬이다.

빛나는 유네스코 3관왕 타이틀

제주도가 탐나는 섬이라는 사실은 그것이 가진 숱한 자원을 일일이 나열하지 않아도, 유네스코세계자연유산·유네스코생물권보전지역·유네스코세계지질공원이라는 '유네스코 3관왕' 타이틀만으로도 충분히 알 수 있을 것이다. 오늘날 제주도는 본도 이외 79개 부속섬으로 이루어져 있는데, 그중 유인도가 8개, 나머지 71개 무인도이다. 유인도는 잘 알려진 우도를 비롯해 비양도, 상추자도, 하추자도, 횡간도, 추포도, 가파도, 마라도가 있다. 제주도 80개 섬이 서로 징검다리가 되고, 그것들이 다시 육지와 다른 나라들까지 연결될 수 있다면 고대에 한국과 중국과 일본을 이어주었던 해상 교역로로서의 교류 중심지 역할을 재현하거나 홍콩이나 마카오보다 훨씬 멋스러우면서도 그 역할을 뛰어넘는 탐나는 섬으로 거듭날 수 있지 않을까. (곽수경)

임정 100주년,
근대 상하이를 돌아보다

몽양 여운형은 자서전에서 상하이를 두고 "문화가 앞서고 인문이 개발되엇고 또 교통이 편하야 책원지(策源地)로써 가장 갑이 있는 곳"이라 평가했다. 사실, 1920~30년대 상하이는 동북아 최대 도시였으며, 북미·일본·중국·동남아·유럽을 왕래하는 윤선(輪船)이라면 모두가 거쳐 가는 세계 주요 도시 중 하나였다. 영국·미국·프랑스의 조계(租界)가 설치돼 있어 당시 강대국들이 펼치는 정치외교전의 각축장이기도 했다. 상하이는 독립운동가들이 세계의 다양한 정보를 수집하고 국제적 여론을 형성하면서 독립운동을 펼치기에 이상적인 조건을 갖추고 있었다.

상하이의 다양한 이름

고대 기록에 따르면 상하이는 호(滬), 신(申), 상해포(上海浦) 등으로 불렸다. 호(滬)는 원래 싸리나 장대 따위를 물속에 둘러 꽂아 물고기를 가두어 잡는 어로 도구를 일컫는 말이다. 따라서 호라

동북아 바다, 인문학으로 항해하다

는 이름을 통해 상하이는 조그만 바닷가 마을에서 출발하였음을
알 수 있다. 그다음으로 나타나는 이름인 신(申)은 전국시대 초나
라 춘신군(春申君)의 봉지였던 것과 관련이 있다고 한다. 당시 권력
자가 관심을 가질 정도로 상하이는 중요한 지역으로 부상하기 시
작한 것이다. 상해포(上海浦)는 북송(北宋) 시기 문헌에 하해포(下海
浦)라는 명칭과 함께 나타난다. 이는 상하이가 단순한 어촌에서 벗
어나 무역항 기능을 하였음을 추측하게 한다.

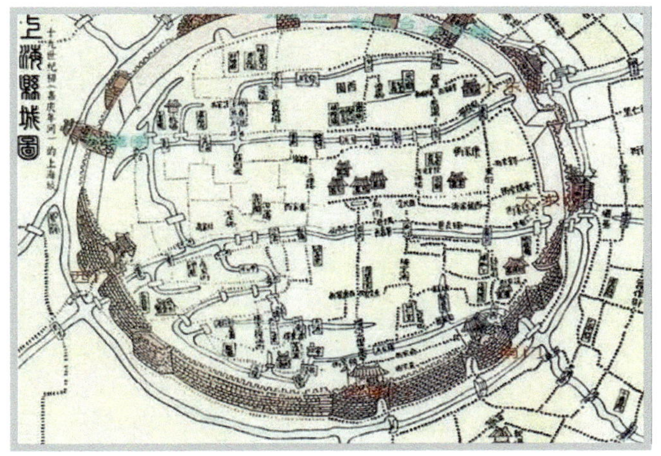

상해현성을 그린 옛 지도

　바다에 오른다는 역동적 이름을 선택했기 때문이었을까? 상해
포라는 이름을 사용한 이래 이 지역은 빠르게 발전하기 시작했다.
남송(南宋) 때 진(鎭)이 설치됐고 원나라 때 현(縣)으로 승격했다.
명나라 때는 둘레가 4.5km가 되고 높이는 8m에 이르는 현성(縣城)
이 세워졌다.

동북아해역의 섬과 도시

수출입의 최적지였지만…

상하이는 1만 8000km에 달하는 중국 남북 해안선의 중간에 위치하며, 중국을 남북으로 구획하는 최대 강인 양쯔강(揚子江)의 하구에 자리 잡고 있다. 양쯔강 일대 저장성(浙江省)과 장쑤성(江蘇省)은 예로부터 유명한 곡창지대였으며, 면·비단 등과 같은 수공업 제품 또한 발달한 지역이었다.

양쯔강은 수심이 깊고 중국 내륙 깊숙이 연결돼 있어, 춘추전국시대부터 이 일대에는 수로를 이용한 물자 수송이 발달해 있었다. 따라서 상하이는 태생부터 양쯔강 일대의 산물을 한곳에 모아 다른 지역으로 수출할 수 있고, 다른 지역 물건을 수입하여 내륙으로 퍼트릴 수 있는 최적지였다.

하지만 명·청 시기에 왜구를 근절하거나 반청운동을 막고자 해안을 봉쇄한 해금정책이 실시되었기 때문에 상하이는 해항도시의 장점을 충분히 발휘하지 못하였다. 이러한 상황은 서구 열강들이 중국을 침탈하기 시작한 1800년대에 이르러서야 서서히 변하기 시작하였다.

순식간에 국제도시로

근대 시기 서구의 제국주의 국가들은 중국을 식민지화하여 자국의 원료시장과 상품시장으로 삼고자 호시탐탐 노리고 있었다. 이들 나라가 중국 내륙 중심부로 깊숙이 들어갈 수 있는 최적지 상하이를 그냥 넘길 리 만무했다. 아편전쟁 후 1842년 난징조약으로 상하이는 개항하게 됐으며, 그 후 1845년 영국의 조계가 건설됐고, 1848년과 1849년 미국과 프랑스의 조계가 연이어 설치됐다.

동북아 바다, 인문학으로 항해하다

조계는 외국인에게 자국의 토지를 빌려줘 행정권이나 경찰권을 부여하는 치외법권 지역으로서, 거주하는 외국인뿐만 아니라 투자된 외국의 자본을 보호하는 역할을 했다. 외국자본의 권익을 보호하였기 때문에 상하이에는 다른 어떤 도시보다 우월한 투자환경이 조성됐다. 일본의 영향 아래 있었던 동북 삼성을 제외하면, 중일전쟁 전까지 금융 투자의 76.2%, 공업 투자의 67.1%, 부동산의 76.8%가 상하이에 집중돼 있었다.

엘리자베스 영국 여왕이 드레이크에게 기사 작위를 수여하는 모습

급속한, 눈부신 성장

1차 세계대전 뒤 서구 자본은 주기적 경제공황에서 비교적 자유로운 상하이에 집중적으로 투자했다. 다른 도시보다 상하이의 조계는 면적이 넓었기 때문에 외국의 투자자는 조계 안에 공장을 건설하고 근대적 공업기술을 들여올 수 있었다. 상하이 시가지 주변

에 공업지역이 형성됐고 상하이는 중국 최초이자 당시 유일의 공
업도시가 됐다. 1914년부터 1928년까지 15년간 1229개 공장이 새
로 지어졌으며, 1933년도에는 상하이의 공업 총생산량이 11억 원
에 이르러 중국 전체 공업생산량의 50%를 넘어섰다.

물론, 상하이가 공업 도시로 성장한 데는 중국 농촌의 몰락이
전제돼 있었다. 청말부터 중국 농촌경제는 이미 파탄 상태에 처해
있었고 여기에 정치적 혼란과 농촌 상업자본의 농간이 더해져 수
많은 농민이 소작농으로 전락하거나 토지를 떠나야만 했다. 저장
성과 장쑤성 일대 몰락한 수많은 농민이 상하이로 몰려들어 갔고,
이들은 상하이의 공업지역에 값싼 노동력을 제공했다.

중국 상하이 우캉루에 있는 1924년 지은 아파
트. 1920년대에 이미 동북아 최대 도시로 떠오
른 상하이의 정취가 스며 있다.

1840년 아편전쟁 이래
중국에는 크고 작은 내
전과 정치적 혼란이 끊이
지 않았다. 1850년에서
1864년에 이르는 시기에
는 태평천국의 봉기가 있
었고, 1916년에서 1928
년에 이르는 시기에는 군
벌들이 자웅을 겨루며 전
국을 지배하고 있었다.
이러한 혼란과 내전 때문
에 부유한 지주계층과 식
자계층 중 혹자는 자신

의 재산을 지키기 위해, 혹자는 뜻한 바를 이루기 위해 조계가 있
는 상하이로 몰려들었다. 이들은 사업을 벌이거나 금융·무역·교

동북아 바다, 인문학으로 항해하다

육·공무 방면에 종사하며 중상류층을 형성했다.

근대 시기 도시의 중산계층은 새로운 문물에 대한 호기심이 지대하였고 구매력 또한 적지 않았다. 이런 중산계층의 성장에 힘입어 상하이는 상업 도시로도 눈부시게 발달하기 시작했다. 상하이의 대표적 번화가 난징루(南京路)에는 1910년대부터 각종 상점은 물론 엘리베이터, 난방기, 에어컨 등을 갖춘 고층 백화점이 경쟁적으로 들어섰다.

역설의 역사를 지닌 도시

상하이는 서구 열강의 침략으로 국제도시로 전변했고, 세계경제공황 시기에 공업도시로 발전하였으며, 정치적 혼란과 내전 속에서 상업도시로 성장했다. 더욱 흥미로운 점은 제국주의 진출의 상징과 같은 상하이가 역설적으로 반제국주의 운동의 중심 도시가 됐다는 것이다. 우리나라 말고도 베트남·인도·말레이시아 등과 같은 동남아 식민지 국가의 독립운동가들 또한 상하이에서 활동했다. 상하이는 역설의 도시였던 것이다.

단재 신채호는 "역사를 잊은 민족에게 미래가 없다"라고 했다. 우리는 100년 전 상하이의 역설의 역사부터 눈여겨볼 필요가 있다. 이 역설 속에서 선조들이 상하이를 선택하였던 이유가 구체적으로 드러날 것이며, 이국만리 타국에서 뜨거웠던 삶을 살았던 선열들을 올곧이 이해할 수 있기 때문이다. (안승웅)

동북아해역의 섬과 도시

상하이
무협영화의 탄생

스파이더맨, 배트맨, 아쿠아맨, 아이언맨, 원더우먼이 지닌 공통점은 무엇일까? 모두 할리우드 블록버스터 영화의 주인공이라는 점이다. 중국인이 볼 때 또 한 가지 공통점이 있다. 바로 이들 모두가 '협객'이라는 점이다. 중국인은 이들을 각각 거미협객(蜘蛛俠), 박쥐협객(蝙蝠俠), 물속협객(潛水俠), 강철협객(鋼鐵俠), 신기한 여성협객(神奇女俠)으로 부른다. 약자를 괴롭히는 악의 세력을 초인적 능력(무력)으로 제압한다는 점에서 중국 전통 협객과 닮았기 때문일 것이다.

서양 협객들이 총출동하는 영화 〈어벤져스: 엔드게임〉이 누적 관객 1300만 명을 훌쩍 넘겨 외화 흥행 1위에 올랐다는 뉴스가 있었다. 서양 협객 전성시대다.

하지만 불과 20년 전, 지난 세기는 중국발 협객의 전성시대였다. 1960년대는 중국 출생 홍콩 배우 왕우 주연의 〈외팔이 검객〉 시리즈가 핏빛 감수성으로 한 시대를 풍미했다. 비장미 넘치는 왕우의 연기는 이 시기 20, 30대를 보낸 이들의 뇌리에 남아 있다. 1970년대는 이소룡(리샤오룽) 영화가 있었다. TV에서 〈정무문〉이나 〈맹룡과강〉을 방영한 날이면 골목마다 쌍절곤을 돌리며 '아뵤'하는 괴성을 질러대는 아이들로 넘쳐났다. 1980년대는 또 어떠했나. 성룡(청룽), 홍금보(홍진바오), 원표(위안바오) 트리오의 코믹 액션이 유행했다. 우리는 명절 때마다 〈쾌찬차〉, 〈프로젝트 A〉, 〈오복성〉을 복습해야 했다. 1990년대는 〈황비홍〉과 〈동방불패〉 시리즈가 홍콩 무협영화의 불패를 자랑했다. 액션이 무도처럼 아름다운 이연걸(리롄제), 중성미 넘치는 임청하(린칭샤)는 지금도 많은 사람이 그리워한다.

우리 인생을 뒤흔든 무협영화

필자는 무협영화 마니아인 큰형 덕분에 초등학교 2학년 때부터 무협영화를 접했다. 대학생이었던 형은 무슨 이유에서인지 무협영화를 볼 때마다 종종 나를 데리고 갔다. 지금은 없어진 부산 동구 범일동 보림극장에 주로 갔는데, 그때 본 〈외팔이 드래곤〉과 〈정무문〉은 잊히지 않는다. 바위를 도르래에 매달아 하나 남은 주먹

근대 시기 상하이의 금성극장

을 단련하던 왕우, 총칼을 든 일본군을 향해 뛰어들어 최후를 맞

동북아해역의 섬과 도시

는 이소룡, 이들의 모습은 40년 이상 시간이 흘렀어도 아직 생생하다.

단정은 못 해도, 1970~80년대 청소년 시기를 보낸 586세대 남성에게 무협영화는 인생 교과서였다. 당시 여고생이 즐겨 읽었던 하이틴 소설 못지않게 낭만을 꿈꾸게 했다. 주인공이 천하를 주유하며 강호의 미스터리 사건을 해결하고, 〈만독불침(萬毒不侵)〉, 〈금강불괴(金剛不壞)〉, 〈허공답보(虛空踏步)〉, 〈탄지신공(彈指神功)〉 등의 놀라운 기량을 발휘하는 〈초류향(楚留香)〉(1977년 홍콩 무협영화)은 낭만 그 자체였다.

영화 〈초류향〉

이처럼 사랑받았던 중국의 협객 이야기는 어떻게 바다 건너 우리에게 전해지게 됐을까? 이는 곧 우리 대중문화사에서 큰 흐름을 차지하는 무협영화가 어떻게 탄생하였는가에 관한 질문이기도 하다. 이 질문에 답하기 위해 우리는 근대 시기 동북아 최대 국제도시 상하이를 주목할 필요가 있다. 근대 시기 서구와 모든 인적, 물적 교류는 바닷길을 통해 이뤄졌다. 그래서 상하이 같은 해항도시는 일찍이 국제도시로 성장할 수 있었고, 동북아의 그 어느 도시보다 이른 시기에 영화라는 신문물을 받아들였다.

동북아 바다, 인문학으로 항해하다

'흥행'의 모든 조건 갖췄던 상하이

1895년 프랑스 뤼미에르 형제가 최초의 영화 〈열차의 도착〉을 만든 뒤 1896년 상하이에 영화가 전해지자마자 상하이 영화산업은 급속도로 발전했다. 영화는 태생적으로 과학기술과 자본 그리고 상업성과 밀접한 관련이 있는데, 상하이에는 이미 서구의 기술과 자본이 유입됐고 광범위한 대중이 갖춰져 있었기에 가능한 일이었다. '1927년 중국영화산업연감' 통계에 따르면 중국에서 한 해 만들어진 영화가 전국적으로 178편이었는데 이 중 172편이 상하이에서 제작됐다. 상하이의 무협영화는 바로 이런 배경에서 탄생했다.

1994년작 홍콩 영화 〈신 불타는 홍련사〉. 이 영화의 뿌리인 〈불타는 홍련사〉는 1928년 중국 상하이에서 처음 제작된 뒤 많은 후속 작품을 남겼다. 출처 중국 위키백과

상하이의 무협영화는 1920년대 중반부터 만들어지기 시작했다. 1928년 〈불타는 홍련사(火燒紅蓮寺)〉가 발표됨으로써 무협영화는 중국영화의 아이콘으로 자리 잡는 첫발을 내디딘다. 〈불타는 홍련

동북아해역의 섬과 도시

사)는 비록 무성영화였지만, 대중적 인기에 힘입어 1931년까지 18편이 연속 제작됐다. 국민당 정부가 무협영화 제작 금지령을 내린 1932년까지 그 짧은 기간에 무려 227편의 무협영화가 만들어졌다. 무협영화에 대한 열광은 국민당 정부가 부담스러워할 정도로 대단했다.

그런데 상하이의 발달한 영화산업만으로 무협영화가 이처럼 흥성했다는 점을 모두 설명하기에는 뭔가 부족하다. 그래서 우리는 근대 시기 동북아해역 중심도시 상하이의 특수성에 눈을 돌릴 필요가 있다.

상하이는 그 어느 지역보다 상무(尙武)정신이 팽배한 도시였다. 동북아 최대 국제도시 상하이는 세계의 다양한 정보가 집결되는 곳이었다. 그랬기에 중국인은 중국이 처한 처지를 객관적으로 돌아볼 수 있었다. 옌푸가 『천연론』이라는 이름으로 T. H 헉슬리의 『진화와 윤리』를 번역해 소개한 이래 중국 지식계에서는 '생존경쟁', '적자생존'이 국가 차원의 화두가 됐다. 수많은 지식인이 중국이 처한 상황을 타개하기 위한 애국계몽운동의 하나로 상무정신을 고양했다. 마침 세계적으로 일본 전통의 무사도 정신이 주목받고 있었다. 섬나라 일본이 중일전쟁과 러일전쟁에서 승리한 저력을 무사도 정신에서 찾고 있었던 것이다. 무사도 정신이 상하이에 소개되자 많은 지식인은 의도적으로 중국 전통의 협객정신을 찬양하는 분위기를 조성했다. 이는 상하이에서 무협영화가 발전하는 정신적·사상적 배경이 되었다.

원래 협객의 도시였다

다음으로 상하이는 협객의 도시였음을 들 수 있다. 국제도시 상
하이에는 조계가 설치돼 있어 세계 각국의 다양한 민족과 중국 각
지 중국인이 자유롭게 드나들 수 있었다. 이들 중에는 사회적 규범
에서 일탈한 삶을 사는 사람이 많았다. 피식민지국가의 독립운동
가와 중국의 혁명가 그리고 생존을 위해 암흑가에 뛰어든 사람들
도 있었다.

그들은 혈혈단신으로 상하이에 와서 추구하는 바를 위해 목숨
을 거는 사람들이었다. 이들의 삶은 칼 한 자루에 의지한 채 강호
를 유랑하는 협객의 삶과 닮았다. 특히 청방(靑幇)이라 불린 암흑
가 조직 사람들의 삶은 협객의 삶과 더욱 닮았다. 시인 이육사는
1935년 「공인 '깽그'단 중국청방비사소고(中國靑幇秘史小考)」라는
글을 발표해 상하이의 청방 두목 두월생(杜月笙), 황금영(黃金榮),
장숙림(張肅林) 등을 비판한 적이 있는데, 이때 상하이에는 10만 명
의 '깽그'(갱)가 있다고 언급했다. 10만이나 되는 '깽그'는 그들의
삶을 대변해주는 듯한 무협영화를 좋아했다. 때로 이들의 삶 자체
가 무협영화의 소재가 됐다.

결국, 상하이에서 무협영화가 탄생하고 발전한 것은 상하이가
동북아해역 인문네트워크 속 중심도시로 성장한 것과 밀접한 관
련이 있다. 세계의 정보, 이주민, 자본, 문물 등을 제한 없이 잘 받
아들일 수 있었기 때문이었다. (안승웅)

해양·대륙문명의 충돌과
마성의 도시

중국에서 1920~30년대 상하이를 배경으로 한 영화가 유행한 적이 있다. 이른바 '상하이 노스탤지어 붐'이다. 장이머우 감독의 〈상하이 트라이어드〉(1995), 천카이거의 〈풍월〉(1996), 로예(婁燁)의 〈퍼플 버터플라이〉(2003) 등이 대표적이다. 우리에게 비교적 익숙한 〈정무문〉, 〈상해탄〉, 〈색계〉, 〈쿵푸 허슬〉 같은 홍콩영화와 〈암살〉, 〈밀정〉과 같은 한국영화도 1920~30년대 상하이를 배경으로 했다.

혹자는 '상하이 노스탤지어 붐'은 사회주의 이전의 자본주의 착취에 대한 기억이 배제된 상업주의 현상에 불과한 것이라 비판한다. 상하이를 대표하는 황푸강(黃浦江)에는 생활고 탓에 투신한 사람이 너무 많아 매일 시신을 건져 올렸다고 한다. 상하이는 동양의 파리라는 미명과 함께 그 화려함을 자랑했지만, 이면을 들여다보면 향락과 퇴폐에 찌든 소수 자본가를 위해 수많은 사람의 희생을 강요한 도시였다는 것이다.

하지만 1920~30년대 상하이가 매력적인 도시였다는 점은 그 누구도 부정할 수 없다. 이 매력이 '상하이 노스탤지어 붐'을 이끈 원동력이다. '매력'이라는 단어의 '매(魅)'는 원래 사람을 유혹하는 도깨비를 가리키는 말이었다. 그리고 사람의 마음을 끌어당기는 묘한 힘은 선이기보다 악일 경우가 더 많다. 매력은 선과 악을 초월하는 개념이다. 따라서 상하이 노스탤지어를 이야기하기 위해서는 선과 악을 모두 아우르는 상하이의 매력에 대해 살펴보아야 할 것이다.

1920~30년대 상하이를 배경으로 한 장이머우 감독의 영화
〈상하이 트라이어드〉 한 장면

청방과 삼대 보스

선과 악을 초월하는 상하이의 매력은 어디서 온 것일까? 해양문명과 대륙문명의 충돌이 가장 중요한 역할을 하지 않았을까. 바다를 건너온 서구 제국주의 국가들은 중국 침략의 교두보를 확보하기 위해 상하이에서 경쟁적으로 조계를 설치하고 확대했다. 1920~30년대 상하이는 서양과 동양의 상반되는 여러 속성이 충돌하고 용광로의 쇳물처럼 끓어 넘치는 곳이었다.

1930년대 상하이

상반되는 것의 충돌에는 언제나 혼란이 뒤따른다. 이 혼란 속에서 본능적이고 저열한 것이 먼저 고개를 든다. 해양문명과 대륙문명의 충돌 속에서 상하이 또한 두 문명의 '어둠의 자식들'이 먼저 성장했다. 소설가 무스잉(穆時英)의 단편소설 「상하이 폭스트롯」은 "상하이는 지옥 위에 세워진 천당"이라는 구절과 한 남자가 총격으로 암살되는 장면으로 시작한다. 1920~30년대 상하이에서는 이른바 밤의 대통령이라 불리는 범죄조직 보스가 대낮에도 영향력을 발휘했다. 당시 상하이 암흑가는 청방(靑幫)이라는 조직이 장악하고 있었다. 청방은 청나라 때 운하 운송 선원들의 비밀조직에서 기원하며, 중국의 유명한 범죄조직 삼합회(트라이어드)의 모태이다. 청방의 두목으로는 두웨성(杜月笙), 황진룽(黃金榮), 장쑤린(張嘯林)이 유명했는데, 이들은 상하이의 삼대 보스라 불리며 상하이를 호령했다.

1928년 기록 '아편굴 8000곳'

범죄조직 두목이 상하이 주요 인사가 될 수 있었던 것은 도시의 실질적 통치자가 영국, 프랑스, 미국 같은 서구 제국주의 국가였던 것과 관련이 있다. 당시 각국 조계 담당자는 중국 인민을 위하는 정상적인 통치 대리인보다 범죄조직 두목을 선호했다. 범죄조직 두목이 서구 제국주의 이익을 더 확실하게 보장해줬기 때문이었다. 범죄조직은 식민 통치에 일조했고, 제국의 식민 통치는 범죄조직을 비호했다.

범죄조직은 마약, 도박, 매춘과 관련된 사업을 하면서 막대한 부를 축적했고 상하이를 그들의 왕국으로 만들었다. 상하이의 삼대 보스인 두·황·장이 조계 통치자와 군벌들을 회유하여 공동으로 설립한 삼흠공사는 마약 판매회사였다. 마약 퇴치를 위해 간행됐던 한 잡지의 1928년 기록에 따르면 상하이에는 8000여 곳의 아편굴이 있었다. 아편굴이 식당보다 많았으며 10만 명이 넘는 아편 중독자가 거리에 넘쳐나고 있었다 한다.

삼대 보스 두·황·장은 지금의 옌안중루(延安中路)에 대규모 도박장도 공동 경영했다. 도박장은 1, 2층에 각종 도박시설이 설치돼 있었고 3층에 커피, 술, 아편 등이 무료로 제공되는 휴게시설이 마련되어 있었다. 상하이에는 수많은 중소 도박장도 있었다. 도박으로 파산해 가족을 팔고 범죄에 가담하거나 목숨을 던지는 자가 속출했다.

범죄조직이 마약, 도박과 함께 깊숙이 관여한 또 다른 사업은 매춘이다. 상하이 삼대 보스는 직접 매춘사업을 벌이지 않았지만, 그 수하의 수많은 중간 보스가 직접 매음굴을 운영했다. 당시 상하이의 대표적 신문 『신보(申報)』의 1934년 통계에 따르면, '런던

960:1, 베를린 580:1, 파리 481:1, 도쿄 250:1, 상하이 130:1의 비율'로 매춘부가 있었다. 이는 공식 기록에 의거한 것일 뿐 실제로는 매춘만이 유일한 생존수단이던 여성이 10만 명을 훨씬 웃돌았다고 한다. 1920~30년대 상하이는 지옥 위에 세워진 천당이었다.

충돌 속에 '좋은 것'도 꽃피다

해양문명과 대륙문명의 충돌과 혼란 속에서 악의 세력만이 창궐한 것은 아니었다. 혼란 속에서 기존의 억압과 통제가 느슨해져 새로운 것이 창출됐다. 우선, 상하이는 세계에서 가장 안전한 도피처였다. 조계에는 서양 군대가 주둔해 있었고 치외법권이 인정됐다. 태평천국의 봉기, 군벌 간 내전, 소도회의 난을 피해 수많은 사람이 상하이에 몰려왔다. 각국 정치범이나 혁명가도 상하이에 숨어들어 왔다. 우리나라 독립군이 상하이에서 활동할 수 있었던 것도 상하이의 조계가 안전지대 역할을 했기 때문이다.

다음으로 상하이는 중국에서 가장 근대화된 도시였다. 1865년 가스회사가 설립돼 난징로(南京路)에 가스등이 켜졌다. 1876년 철로가 놓였으며, 1880년 전기회사와 전보회사가 설립돼 전기가 공급되고 전화 업무가 개시됐다. 1881년부터 수도시설이 보급됐다. 세계와 발맞춰 발전하는 국제도시 상하이는 근대문명을 선물했을 뿐 아니라 수많은 일자리도 제공했다.

그리고 상하이는 모던과 낭만을 추구하는 지식 청년들에게 꿈의 도시였다. 앞서 말한 바와 같이 조계의 통치자들은 이익을 가장 중시했고, 자신의 이익에 저해되지 않으면 모든 것을 허락했다. 물질문명과 함께 서구의 진보적 사상 또한 자유롭게 수입됐다. 천

동북아 바다, 인문학으로 항해하다

두슈(陳獨秀)는 『청년잡지』
를 통해 중국에 서구의 덕
선생(德先生: Democracy)과 새
선생(賽先生: Science)을 소개
했다. 상하이의 수많은 잡지
는 서구의 '모던'한 생활을
소개하면서 개성 해방과 여
성 해방의 기치를 높이 흔들
었다.

프랑스의 미학가 가스통
바슐라르는 "영혼 전체를 이
끌기 위해서는, 이중의 참
여—욕망과 공포의 참여, 선

1920년대 상하이에서 나온 『청년 잡지』

과 악의 참여, 백과 흑의 조용한 참여가 필요하다"라고 했다. 상하
이의 매력은 해양문명과 대륙문명의 충돌 속에서 지옥과 천당처
럼 상반되는 속성이 상호작용하여 만들어 낸 것이었다. '상하이 노
스탤지어 붐'은 화려하였던 과거를 상업적으로 이용한 추억팔이
만은 아니었다. 지옥과도 같은 현실을 극복할 수 있었던 용기, 자
유, 낭만 그리고 희망에 대한 향수였다. 가진 것 없는 자는 주먹 하
나로 계층 이동이 가능하고, 젊은이는 새로운 사상으로써 세상 변
혁을 꿈꿀 수 있는 도시, 그것이 바로 1920~30년대 상하이였다.
(안승웅)

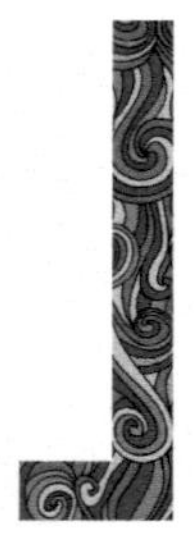

상하이 바닷길이
막히면

거대한 땅덩어리를 자랑하는 중국을 사람에 비유하면, 상하이는 이 거인의 중요한 혈자리에 해당한다. 한의학에서 보면 혈자리는 내부 장기와 표피의 경락이 서로 통하는 부위로 인체의 기가 출입하고 활동하는 문호와 같은 역할을 한다. 상하이는 1842년 개항 이래 바닷길을 통해 외국의 새로운 문물을 받아들이고 중국 내부에 전파하는 혈자리 같은 역할을 해왔다. 혈자리는 인체에서 차지하는 부위가 아주 미미하지만, 원활한 생명 활동에 중요한 역할을 한다. 상하이 또한 일개 항구도시에 불과하지만, 거대한 중국이 정상으로 유지되는 데 중요한 역할을 담당해왔다.

그런데 상하이의 바닷길이 끊어지면, 다시 말해 상하이라는 혈자리가 막히게 되면 어떻게 될까? 실제로 북미 서해안, 일본, 중국, 동남아, 유럽을 왕래하는 윤선이라면 반드시 거쳐 가야 했던 동북아해역 중심 도시 상하이의 바닷길이 막힌 적이 있었다. 중국을 바다에 둘러싸인 지구라는 유기체의 한 구성조직으로 보지 않고 바다와 분리된 독립된 개체로 본 정치가 때문이었다. 바로 천안문

동북아 바다, 인문학으로 항해하다

중국 경제 중심 도시 상하이의 푸동 지구 전경. 중국이라는 거인의 '혈자리'에 비유되는 동북아 해역 도시다.

광장을 항상 내려다보고 있는 마오쩌둥(毛澤東)이다.

　마오쩌둥이 공산당 최고위 지도부 중 해외 유학을 경험하지 않은 특이한 지식인이었다는 점은 잘 알려지지 않았다. 1910~20년대 중국에서는 유법근공검학(留法勤功儉學·프랑스에서 열심히 일하고 절약하여 공부한다) 열풍이 불었는데, 1893년생인 마오쩌둥 또한 이 열풍의 영향을 받아 바다를 건너 유학을 갈 뻔했다. 1918년 마오쩌둥은 직접 유학단을 조직했고, 이듬해 유학길에 오르기 위해 상하이에 도착했다. 그러나 그는 외국 지식을 아는 것만큼 중국 실상을 아는 것이 중요하다고 여겨 유학을 포기했다. 그리고 당시 중국 실상에 맞게 농촌에서 시작하는 사회주의 혁명을 이끌어 1949년 중국에 사회주의 정부를 수립시켰다.

상하이의 역할 사라진 이유

사회주의 정권이 들어선 후 중국은 중·소 갈등, 미국의 대중봉쇄정책 등과 같은 국제 상황 탓에 죽(竹)의 장막으로 둘러싸인 국가가 됐다. 여기에는 당시 최고지도자 마오쩌둥의 사회주의 혁명의 순수성에 대한 과도한 집착이 영향을 미친 것으로 보인다.

1957년 마오쩌둥은 모스크바에서 열린 세계공산당회의에 참석했는데, 여기서 스탈린 이후 수정주의 노선을 걷는 소련 지도부와 많은 견해차를 확인한다. 마오쩌둥은 자본주의 국가와 새로운 관계를 모색하려는 소련에 반대하고, 미국과는 핵전쟁도 불사하겠다는 강경한 입장을 고수했다. 소련은 물론 세계 각국과 단절을 택한 것이다. 국가 최고 지도자의 결정에 의해 중국이 죽의 장막을 치게 되자 세계 각국을 향해 열려 있던 상하이의 바닷길 또한 막혀버렸다.

바닷길이 막히자 시대를 앞서 중국을 이끌었던 상하이의 역할도 사라졌다. 오히려 중국 역사를 되돌린 10년 동란, 문화대혁명이 상하이에서 시작됐다.

중국 현대사의 치부라 할 수 있는 문화대혁명을 이야기하려면 1958년 시작된 대약진 운동부터 살펴볼 필요가 있다. 대약진 운동은 모든 산업 분야에서 획기적 발전을 도모한다는 의미에서 붙은 이름으로 당시 중국 인구 6억 6000만 명이 총동원된 사상 초유의 정치·경제 운동이었다. 그러나 대약진 운동은 세상의 정보에서 멀어진 공산당 지도부의 잘못된 판단과 중간 관리자의 부패와 무능으로 실패로 돌아갔다.

그것은 국제적 교역 없이 오로지 중국 힘만으로 영국, 미국 같은 자본주의 국가를 단시간 내에 따라잡겠다는 공산당의 망상에

서 이미 예견된 것이었다. 대약진 운동의 무모함은 농민의 힘을 동
원해 철강을 생산하여 중공업 기반을 다지겠다는 계획에서 잘 드
러났다. 강제 동원된 농민이 농사도 짓지 못하고 가재도구까지 희
생하며 생산한 강철은 쓸모없는 쇳덩이에 불과했다.

중국 문화대혁명 당시의 선동적인 그림

농민이 재래식 소규모 용광로를 돌리기 위해 산에 있는 나무를
다 베어 냈는데 이는 심각한 결과를 초래했다. 산에 나무가 없자
홍수와 가뭄을 조절하는 기능이 사라졌다. 1960년대 연속으로 가
뭄이 들자 식량 생산에 막대한 타격을 받았고, 대약진 운동 시기
중국 공산당의 공식 기록으로만 2000만 명이 넘는 아사자가 발생
했다. 마오쩌둥은 류사오치(劉少奇), 덩샤오핑(鄧小平) 등에게 실권
을 넘겨주고 2선으로 물러나게 된다.

마오쩌둥이 사인방을 만난 도시

실각한 마오쩌둥이 권토중래하려고 몸을 숨긴 곳은 고향이 아니라 상하이였다. 외국 유학을 가려다 포기하고 마르크스주의를 처음 접했던 곳이었다. 이때 상하이는 서구와 문물 교류가 활발했던 이전의 상하이가 아니었다. 뱃길이 막힌 지 십수 년이 지나 혈자리 역할을 제대로 하지 못하는 상하이였다. 상하이의 부패 권력은 그곳에 온 마오쩌둥의 명성을 이용해 더 큰 권력을 잡고자 집결했다. '상하이파'라 불리는 장칭(江靑), 장춘차오(張春橋), 왕훙원(王洪文), 야오원위안(姚文元) 사인방 세력이다. 마오쩌둥은 상하이에서 이들 부패한 세력과 손잡고 사회주의 혁명의 순수성을 지킨다는 미명하에 다시 권력을 잡을 준비를 했다.

문화대혁명의 시작은 1965년 사인방의 야오원위안이 상하이 '문회보'에서 〈해서파관(海瑞罷官)〉이라는 역사극을 비판하면서 시작됐다. 〈해서파관〉은 해서라는 청렴한 관리가 관직을 그만두게 된 내용인데, 이 해서가 마오쩌둥을 비판하다 실각한 국방부장 펑더화이(彭德懷)를 미화한 것이라 주장하면서 당시 실권파 류사오치, 덩샤오핑과 관련 있는 문화계 인사를 비판했다. 마오쩌둥이 야오원위안의 글을 지지하면서 문화계를 주도해 온 인사에 대한 대대적 숙청이 진행됐다. 이 정치적 반동 사건이 문화대혁명이라 불리게 된 것도 문화계에 대한 비판과 숙청작업에서 시작됐기 때문이다.

사인방 세력은 마오쩌둥 개인숭배와 대중 동원 방식을 취해 시대에 반항적이었던 도시 청소년을 홍위병으로 조직하는 데 성공했다. 홍위병은 마오쩌둥 어록을 경전처럼 여겼으며, 마오쩌둥의 뜻이라면 당·정 기관과 공장을 습격하고 무기를 약탈하는 과격

한 행동을 서슴지 않았다. 홍위병이 문화대혁명 주력군이었다. 결국 마오쩌둥은 천안문 광장을 가득 메운 홍위병의 연호 속에서 다시 권력을 장악한다.

문화대혁명

바닷길이 열리자…

상하이발 문화대혁명은 정치·경제·교육·문화 등 각 방면에서 돌이킬 수 없는 막대한 손실을 안겼다. 10년간 정부 기능이 마비돼 국가 생산력이 저하됐으며, 교육이 제대로 이뤄지지 않아 학술·문화 분야에 메울 수 없는 공백이 생겼다. 근현대 선진 문물과 문화의 상징이던 상하이가 역사 흐름을 거스르는 반동의 도시가 된 것이다. 상하이의 비극은 바닷길이 막힌 것과 직접적인 인과관계는 없지만 밀접한 관련이 있는 것만은 확실하다.

1976년 마오쩌둥이 사망하면서 문화대혁명은 끝난다. 덩샤오핑이 개혁개방 정책을 펼치면서 상하이는 이전 모습과 혈자리 역할을 다시 찾는다. 상하이는 역시 상하이였다. 문화대혁명이 종결되자마자 광란의 시대를 반성하는 문학이 상하이에서 제일 먼저 시작됐다. 1978년 발표된 루신화(盧新華)의 「상흔(傷痕)」이란 작품이다. 「상흔」은 문화대혁명 시기 정치 중심주의 사회상을 비판하는 선구가 됐으며 이후 '상흔문학'이라는 문학사조의 선구가 되었다. 경제 측면에서도 1992년 남순강화 이후 푸둥 지역이 경제특구로 본격적으로 개발되면서 상하이는 지금까지 중국 경제를 이끄는 중요한 혈자리 역할을 맡고 있다. (안승웅)

동북아 바다, 인문학으로 항해하다

6장
동북아해역 속의 부산

부산의 산동네와
재일코리안

부산 산동네의 모습, 예를 들면 산을 휘감은 집들과 그 사이를 오묘하게 누비는 골목, 산복도로를 어마어마한 운전기술로 오르내리는 시내버스, 가파른 계단과의 생활이 일상인 사람들은 볼 때마다 새롭다. 이러한 풍경이 어떻게 만들어졌는지 그 역사와 마주한다면 산동네 모습은 가장 '부산다운' 풍경이 된다. 부산의 산동네는 언제 시작되었을까. 보통 가장 많이 이야기되는 것은 한국전쟁의 피란민 유입이다. 허둥지둥 보따리 몇 개 짊어지고 전쟁을 피해 부산에 몰려든 사람들이 삶의 둥지를 틀면서 오늘날과 같은 산동네가 만들어졌다는 것이다. 그러나 실제 부산 산동네의 시작은 조금 더 역사를 거슬러 올라갈 수 있다.

조선인은 왜 현해탄을 건넜을까

부산은 일본이 식민도시를 만드는 과정에서 크게 발달했다. 그리고 부산과 시모노세키(下關)를 잇는 부관연락선(釜關連絡船)과 한

동북아 바다, 인문학으로 항해하다

일본 시모노세키항에 정박 중인 부관연락선을 찍은 옛 사진, 출처 일본 위키피디아

반도를 가로지르는 철도가 연결되면서 동북아, 그중에서도 한반도와 일본 사이 인구 이동의 중심이 된다. 일본이 식민지배에 필요한 사람과 물자를 대량으로 실어 나르기 위해 선박 취항을 서두르면서 부산을 거친 한반도와 일본 사이 인구 이동은 활발해졌다. 처음에는 일본에서 한반도를 향해 관료, 교사 등 '식민자' 일본인 이동이 적극적으로 이루어졌지만, 점차 한반도에서 일본으로 이동하는 조선인이 늘어났다.

특히 1920년대 들어 많이 증가했는데 가장 큰 원인은 농촌의 몰락이었다. 일본에 의한 식민지배, 농촌 수탈 속에서 많은 농민은 소작농으로 전락했다. 지주의 수탈이 심해지면서 조선인 소작농 중에는 농업을 포기하고 노동자가 돼 새로운 생계수단을 찾아 헤매는 경우가 많아졌으며 그중 하나가 현해탄을 건너 일본으로 가는 것이었다. 한편, 일본은 제국으로서 세력을 확대하는 과정과 제

1차 세계대전을 등에 업은 호황 속에서 많은 노동자가 필요한 상황이었고, 조선인 노동자가 그 수요를 채우게 된다.

부산, 좌절과 기대가 공존하는 공간

이 시기 현해탄을 건너 일본으로 간 조선인의 절반 가까이는 경상남도 출신이었고 그 뒤를 경상북도와 전라남도가 이었는데, 일본으로 건너가기 위해 반드시 거쳐야만 하는 곳이 부산이었다. 1933년 8월만 살펴보더라도 일본에 건너간 조선인의 4분의 3이 이용한 항구가 부산으로 제주, 여수보다 압도적으로 많다.

중요한 사실은 부산항을 통한 일본으로의 이동이 원활하게 이루어지지 않았다는 것이다. 일본에서는 노동력이 부족해지자 조선에서 노동자를 모집·중개하는 업체가 등장했는데, 무분별한 알선이 늘자 1918년부터 조선총독부는 조선인 노동자의 일본 이동을 규제하기 시작했고 이는 1920년대 이후에도 계속된다. 문제는 규제가 매우 자의적이고 변동이 많아 일본으로 건너가기를 희망하는 조선인 노동자에게 큰 혼란을 주었다는 것이다.

이러한 혼란이 압축돼 나타난 공간이 바로 부산이었다. 왜일까. 부산에는 규제를 '극복'할 수 있는 방법이 존재했기 때문이다. 규제의 핵심은 조선인 노동자로 하여금 거주지 경찰서에서 '도항증명서', 즉 현해탄을 건널 수 있다는 증명서를 받도록 하는 것이었다. 문제는 이런저런 이유로 거주지 경찰서가 '도항증명서'를 발급하지 않은 경우 부산수상경찰서, 오늘날의 부산 영도경찰서에서도 일부 교부받을 수 있었다는 것이다. 그 결과 부산에는 '도항증명서'에 대한 마지막 기대를 걸고 조선인 노동자가 몰려들었고 이들의 기대감이 좌절 또는 절정에 달해 표출되는 공간이 된 것이다.

부산은 일본을 향해 열리고도 닫힌 모순된 공간, 좌절과 기대가 공존하는 공간이었으며 조선인 노동자는 '희망고문' 속에 짧게 수일, 길게는 수개월 부산에 머물렀다.

부산에 '갇혀' 산동네에 자리 잡다

일본에 가는 것을 꿈꾸며 부산에 머물던 조선인 노동자의 삶은 어땠을까. 고향을 떠나며 가지고 온 얼마 안 되는 돈은 생활비로 순식간에 사라졌을 것이고, 변변한 일자리를 구하는 것도 쉽지 않았을 것이다. 게다가 부산수상경찰서에서 '도항증명서'를 교부받을 수 있도록 주선해준다는 '기생충' 같은 알선업체의 유혹도 치명적이었다. 이렇듯 그들의 경제 상황은 매우 열악했다. 결국 현해탄을 건너지도 못하고 그렇다고 고향으로 돌아갈 수도 없어 부산에서 오랜 기간 머물던 조선인 노동자는 도시빈민이 된다. 아마 처음에 부산에 왔을 때는 부관연락선을 타는 날까지 짧게 여관 같은 곳에서 머무르려 했을 것이다. 그러나 돈이 떨어지면서 여관에서 나올 수밖에 없었고 이렇게 도시빈민으로 전락한 조선인 노동자는 결국 산기슭에 거처를 마련하게 되었다. 바로 여기 부산 산동네의 시작이 있다.

당시 신문에는 이러한 산동네의 상황에 대한 기사가 종종 실렸다. 1938년 9월 12일 『동아일보』는 "부산부내 산기슭에 움막살이와 주택은 하층계급의 살림살이가 얼마나 참담한가를 여실히 표현"한다며 "하층 계급의 생활하는 무리는 내지(일본) 도항을 목적

부산의 산동네, 출처 한국 위키피디아

하여 부산에 와서 오도 가도 못 하고 부득이 산기슭에 움막을 맨 자"라고 밝힌다. '움막(살이)'은 이들의 삶의 모습을 응축하는 표현일 것이다.

재일코리안의 애환과 산동네

이처럼 부산 산동네의 시작은 일제강점기로 역사를 조금 더 거슬러 올라갈 수 있다. 그 중심에는 일본으로 건너간, 건너가려 했던 조선인이 있었다. 결과적으로 1945년 일본 패망 당시, 일본에 거주하던 조선인은 200만 명에 육박하게 된다. 물론 이 중에는 1930년대 후반 이후, 강제징용으로 일본에 온 사람도 상당수 있었다. 이들에게 해방된 고국으로 돌아가는 것은 당연한 일이었고, 1946년 3월까지 약 130만 명이 다시 한번 부산을 통해 한반도 땅

동북아 바다, 인문학으로 항해하다

을 밟는다.

그렇다면 나머지 70만 명 조선인은 어떻게 되었을까. 여러 사정으로 일본에 남은 조선인과 그들의 자손은 오늘날 일본에서 재일코리안, 이른바 재일교포로 살아간다. 이들의 삶은 어떠한 것이었을까. 오랜 기간 일본사회에서 재일코리안에 대한 주거, 교육, 취업, 결혼 등 각종 사회적 차별과 멸시는 만연했다. 하지만 아무런 변화가 없었던 것은 아니다. 재일코리안은 어려운 와중에도 자녀교육에 큰 열정을 쏟았고 이를 바탕으로 기본적인 사회적 권리 쟁취에 힘써, 일본 사회의 재일코리안 나아가 외국인 전반에 대한 인식과 정책의 변화를 끌어냈다.

부산 산동네는 바로 이들 재일코리안 형성의 역사가 깃든 곳이다. 근래 부산의 산동네를 재발견하는 움직임이 활발하다. 아기자기한 가게도 생기고, 부산을 여행하는 하나의 방법으로 빈번하게 소개되면서 산동네를 찾는 사람이 많아졌다. 부산 산동네를 걸을 때, 1920년대 그곳의 '움막'에 살면서 부두에 정박돼 있던 부관연락선을 바라봤던 사람들 그리고 재일코리안에 대해 한 번쯤 생각해 보면 어떨까 싶다. 근대 동북아해역에서 인구 이동의 중심을 차지했던 부산 그리고 그곳에서 바다를 건너려던 사람들의 애환 어린 모습이 투영된 공간으로서 산동네를 새롭게 발견할 수 있을 것이다. (최민경)

해저케이블,
동북아를 연결하다

1851년 영국이 도버해협을 횡단하여 영국과 프랑스를 잇는 해저케이블을 부설함으로써 해저통신망 시대를 열었다. 이후 전신 기술을 가진 국가는 영국, 프랑스, 러시아, 독일 등 식민지를 보유했거나 식민지 쟁탈전을 벌이던 몇몇 국가였다. 이들은 전 세계 식민지를 관리하는 데 전신이 유용하다는 것을 알았고, 상인 역시 전신으로 더 많은 이윤을 얻을 수 있다고 보았다. 이는 전신 기술을 세계로 확산시키는 데 중요한 동기가 됐다.

세계 전신망의 공백지, 조선

조선시대 통신수단은 역원과 봉수였다. 구체적 내용을 담은 서한은 말을 타고 직접 이동해 전달하는 방식이었다. 근대 발명품인 자동차와 기차가 등장하면서 교통수단으로 전달하는 소식은 말보다는 비할 수 없이 빨라졌다. 그런데 육상 전신선 부설은 눈 깜짝할 사이에 소식을 전달하는 신세계를 경험하게 했다. 나아가 바다를 넘을 수 있는 해저케이블 부설은 세계를 하나로 묶기 시작했다.

1880년까지 조선은 전신망이 없었다. 세계의 해저케이블은 조선에 닿지 않았고, 조선 내에도 전선이 부설돼 있지 않았다. 동북아 패권을 장악하려던 국가들은 조선에 전신망을 구축하고, 동북아 정보를 빠르게 수집하고자 했다. 가장 먼저 나선 국가는 청과 일본이었다. 이 두 나라가 조선의 전신사업 주도권을 장악할 수 있었던 계기는 1884년 갑신정변과 1894년 청일전쟁이었다. 1876년 강화도조약을 체결한 일본은 조선에 통신수단 개설을 계속 요구했고, 1883년 조일해저전선부설조약(朝日海底電線敷設條約), 일명 부산구설해저전선약관(釜山口設海底電線約款)을 맺었다. 1884년 부산~나가사키 해저전신선을 부설한 뒤, 일본은 부산에 전신국을 열고 통신업무를 시작했다. 같은 해 4월 설립된 조선 최초 통신업무 기관인 우정총국(郵政總局)은 일본 전신국을 통해 일본 전신망으로 해외 연락을 하게 되었다.

1884년 일본이 부산~나가사키 해저전신선을 부설한 뒤 만든 부산 전신국 모습을 담은 사진

이를 지켜보던 청나라도 근대적 통신시설 가설을 조선 정부에 요구했다. 조선과 청은 1885년 7월 조청전선조약(朝淸電線條約)을 맺고, 인천~한성~의주 간 전선을 설치해 한성과 베이징을 연결했다. 조선과 외부를 연결하는 통신망으로 서로전신선과 해저전신선 두 경로가 생긴 것이다. 서로전신선을 부설한 뒤, 1887년 한성~부산을 연결하는 남로전신선, 1891년 한성~원산을 연결하는 북로전신선도 부설했다. 북로전신선은 1900년 두만강에 위치한 경흥까지 연결됐고, 러시아에서 조선과 전신선 연결을 시도했다. 이를 알게 된 청과 일본의 강한 반대로 성사되지는 못했다.

첫 해저케이블, 부산~나가사키선

우리나라 최초 해저케이블은 부산을 기점으로 했다. 부산~나가사키 해저케이블은 조선과 일본 사이의 조약으로 가설된 것이지만, 두 나라 모두 가설할 자본과 기술이 없었다. 이 선을 연결한 것은 덴마크 국적 국제통신회사 대북전신회사(大北電信會社, The Great Northern Telegraph Company Ltd.)였다. 이미 유럽과 아시아를 잇는 전신선을 가설했던 대북전신회사는 영국, 러시아, 덴마크에서 국가 자본으로 설립된 회사였다. 시베리아 횡단 전신 부설권을 갖고 있었고, 육로와 해저선을 이용해 청과 일본의 주요 도시를 연결하는 사업을 추진하고 있었다.

조선은 당시 덴마크와 수교하지 않은 상태였으므로 대북전신회사와 조선 정부가 해저케이블 가설과 관련한 계약을 맺기 위해서는 일본이나 청의 중재가 필요했다. 1883년 3월 조선 정부는 일본과 해저전신망 부설에 관한 조일해저전선부설조약을 맺었다. 이

조약에는 25년간 운영권을 보장하고, 전선 업무는 일본 정부가 담당하며, 부산~나가사키선과 경쟁하는 전신선 가설을 제3국에 승인할 수 없다는 독소 조항이 있었다. 해외 전보선일 경우 반드시 부산에 있는 일본 전신국과 연결해야 한다는 속박 조항도 있었다. 조선 정부는 이 문제를 인식했지만 국제 사회와 네트워크를 형성하는 것이 더 큰 목표였기에 조약을 체결했다. 이로써 조선은 국제 사회와 연결될 수 있었으나, 처음부터 조선의 전신사업은 치명적 한계를 갖고 출발했다.

두 번째, 거문도~상하이선

부산에 이어 거문도에도 해저케이블이 부설됐다. 1885년 5월 영국군은 거문도를 불법 점거하고, 영국 동양함대사령부가 주둔하고 있던 중국 상하이까지 군사용 해저케이블을 개설했다. 2년 뒤 철군하면서 해저케이블도 폐기했지만, 거문도에는 이때 부설됐던 육상 케이블이 아직 남아 역사의 한 장면을 전한다.

거문도 해저케이블을 다시 연결한 것은 일본이었다. 일본은 사세보에서 거문도를 거쳐 다롄까지 연결하는 해저케이블을 부설했다. 사실 이 선은 일본이 동북아해역에 설치한 전체 해저케이블의 일부에 지나지 않는다. 일본이 조선에 부설한 전신선은 군사정보 통신망이었고, 제국 확장을 위한 매우 중요한 도구였다. 일본은 1894년 청일전쟁을 기회로 조선 내 전신선을 부설하고, 해군의 임시근거지로 설정한 전남 강진의 장직로와 부산을 해저케이블로 연결했다.

일본이 조선 전신망을 강제 접수한 것은 러일전쟁 직후로, 1905

동북아해역 속의 부산

년 4월 한일통신협정을 체결하면서였다. 황해는 사세보~거문도와 제주도~신안 팔구포~덕적도~백령도~다롄, 남해는 쓰시마 이즈하라~거제도~마산, 동해는 사세보~블라디보스토크, 사세보~울진 죽변~울릉도와 독도, 사세보~울진 죽변~고성 수원단, 원산~블라디보스토크를 군사용 해저케이블로 연결했다. 일본에서 조선, 다롄, 블라디보스토크를 잇는 해저통신망을 완전히 구축한 것이다.

해방 이후 한국 해저통신망의 도약은 1980년이었다. 한일 간 해저케이블이 부산 송정과 일본 시마네현 하마다 간 153km 구간에 놓였다. 1990년 4월 최초의 해저광케이블이 제주와 고흥 간 144km 구간에 건설됐고, 5월에는 한국과 홍콩, 일본을 연결하는

1980년 한일 간 해저케이블 개통을 기념해 한국 정부가 만든 우표
1990년 나온 제주~고흥 해저광케이블 준공 기념 우표
1996년 발행한 한국~중국 해저광케이블 기념 우표

동북아 바다, 인문학으로 항해하다

라인이 구축됐다. 최초 전신용 해저케이블이 1884년, 최초의 전화
와 인터넷용 해저케이블이 1980년 부산을 발신지로 부설됐다. 이
것은 부산의 지리적 위상과 무관하지 않다. 2016년 6월 KT는 부
산 송정에 아시아와 태평양 지역 해저케이블을 통합 관제하는 '국
제해저케이블 통합관제센터'를 개소했다. 2018년 부산~남중국해
해저케이블 부설 완료 뒤, 센터에 '국제해저케이블 콤플렉스'를 구
축했다. 한국에서 해외로 접속하는 인터넷 전송량의 대부분이 부
산을 통한다. 한국 해저케이블의 90%가 밀집한 부산은 명실상부
동북아시아 통신의 허브라 할 수 있다. (김윤미)

명태와 정어리,
남선창고 터에서

다시 붉은 벽 앞에서 섰다. 부산역 맞은편 옛 백제병원 곁의 어느 대형마트 주차장. 온몸 으스러져 사라지고 끝내 잔해로 남아 실존을 강변하던 'T-800(터미네이터)의 팔'처럼, 붉은 담장은 화려했던 시절의 마지막 기억을 붙들고 있다. 눈을 감고 손을 뻗어 상상의 문을 두드리면 옅은 비린내가 새어온다. 지난 300년 동안 이 땅 사람들에게 육신을 제공했던 어느 물고기이다.

급변하는 도심 공간 속에서 모진 시간을 버텨낸 저 붉은 담장은 남선창고의 마지막 흔적이다. 남선창고는 1900년 부산 객주 정치국의 주도로 설립된 부산 최초 근대식 물류창고였다. 정치국은 협동기선회사를 만들어 부산을 기점으로, 각각 함북 경성(鏡城)과 인천을 잇는 항로를 개척했다. 이에 따라 함경도에서 수송하는 수산물을 저장할 창고가 필요하게 됐다. 처음에 회흥사, 창흥사로 불렸던 남선창고가 1910년대에는 '북어창고(北魚倉庫)'라는 이름을 갖게 된 것은 남선창고에 보관했던 가장 중요한 물류가 명태였음을 알려준다. 함경도의 북어 상인들이 중역으로 참여한 사실도 이를

동북아 바다, 인문학으로 항해하다

뒷받침한다. 여전히 부산 사람 뇌리에 각인돼 있듯이, 남선창고는 '명태고방'이었다.

부산 동구 남선창고 터의 벽. 남선창고 건물은 2009년 철거됐고 현재는 벽돌로 된 벽만 남아 있다.

오현명의 가곡이나 강산에의 노래를 떠올리지 않더라도, 이 물고기가 지난 수백 년 우리네 조상을 살찌웠음을 한국인은 안다. 효종 3년(1652) '명태(明太)'라는 이름을 처음 드러냈던 이 물고기는 18세기부터 조선에서 가장 중요한 물고기가 되었다. 일찍이 서유구는 "관북에서 잡은 명태는 모두 원산으로 실어 옮긴다. 원산은 사방의 장사꾼이 모여드는 곳이다. 배에 실어 동해로 운송하고, 말에 실어 철령을 넘는 것이 밤낮으로 이어져 팔도에 흘러넘친다. 대개 우리나라 팔도에 많이 나는 것으로는 명태와 청어가 으뜸이다"라고 했다. 원산에 모인 명태가 한편으로는 동해를 내려오고, 한편으로는 철령을 넘어 전국에 유통된 것이다.

동북아해역 속의 부산

'북선'이라는 낯선 이름

남선창고는 원산을 중심으로 했던 조선 후기 유통구조가 근대에는 기선(汽船)의 출현으로 변화했음을 증언한다. 명태는 산지가 명천, 성진, 신포 등이었기에 이곳과 가까운 함흥이 집산지가 되어 부산으로 운송됐다가 전국으로 유통되었다. 부산이 중앙 집산지로 명태 유통 중심지가 된 것이다. 1905년 경부선 개통은 부산의 이런 지위를 더욱 공고하게 했다. 부산의 객주와 함경도 북어 상인이 근대적 물류창고 '명태고방'을 초량에 건립한 배경이다.

부산의 이런 위상은 1914년 경원선이 개통되면서 흔들렸다. 원산과 서울이 철도로 연결되면서 굳이 부산을 경유할 필요가 없어졌다. 원산이 다시 명태의 중앙집산지가 되면서, 1917년 원산에 지점을 설치했다. 그렇지만 얼마지 않아 원산지점이 본점이 되고, 부산본점이 지점이 됐다. 1920년 회사 이름도 '북선창고(北鮮倉庫)'로 바꿨다. 명태 유통에서 부산의 중요성이 줄면서 함경도 북어 상인들이 영업소를 원산으로 옮겨가자, 부산 객주들이 북선창고를 매입해 '남선창고(南鮮倉庫)'로 이름을 변경했다. 1926년 일이었다.

'북선'이라는 이름이 낯설 것이다. '북선'은 러일전쟁 이후 만주와 연결되는 한반도 동북부의 전략·경제적 중요성이 제기되면서, 1910년대에 함경북도와 함경남도를 지칭하는 용어로 처음 등장했다. 낙후된 지역이었음에도 그곳은 풍부한 자원을 품고 있었다. 철과 석탄 등 광물 그리고 명태로 대표되는 수산물이었다.

1920년대부터 '북선'개발은 일대 붐을 일으켰다. 1914년 원산에서 문천까지 구간이 착공된 이래로, 1928년에는 마침내 함경선(원산~회령) 전 구간이 개통되면서 절정을 이뤘다. 1933년 길회선(길림~회령)이 개통되면서 만주국 수도 신경(창춘)에서 나진까지 철도

동북아 바다, 인문학으로 항해하다

로 연결됐다.

함경선 개통과 더불어 청진에서 일본의 '우라니혼(裏日本)'을 연결하는 직항 항로가 열렸다. 나아가 길회선이 개통되면서 만주~북선~우라니혼이 하나의 교통망으로 연결됐다. 그 중심에는 '북선 3항(청진, 웅기, 나진)'과 '북륙 3항(쓰루가, 후시키, 니카타)'이 있었다. 만주와 연결되는 최단 루트라는 점에서, 1930년대 후반에는 북선 3항이 랴오둥반도의 대련보다 더 중시되기도 했다. 명실공히 '환동해시대'의 개막이었다.

출렁였던 남선창고의 운명

'북선' 개발은 수산업 발전과도 깊은 관련이 있었다. 그것을 추동한 것은 물론 명태어업이었다. 1920년대 중반에는 새로운 물고기가 보태졌다. 정어리였다. 관동대지진이 있었던 1923년부터 '북선'에 정어리 떼가 몰려들었다. 당시 물고기 기름을 이용한 경화유 공업이 발달함에 따라 무수히 몰려드는 정어리가 각광을 받았다. 1930년대 함경북도는 전체 정어리 어획량의 절반을 차지할 정도로 비중이 높았다. 청진이 '정어리의 도시'로 불렸던 것도 이 때였다.

'북선'에 정어리 떼가 몰려들던 때 흥미로운 역전현상이 포착된다. 이때부터 명태는 홀연히 격감하여 불어가 계속되었다. 절대적인 수요를 가진 명태의 부족을 어떻게 메웠을까? 놀랍게도 홋카이도에서 명태를 들여왔다. 그렇다면 일본에서도 전통적으로 명태를 즐겨 잡아왔던 것일까? 아니다. 일본에서는 명태를 '스케토다라'라고 한다. 17세기 후반에 처음 이름을 드러냈지만 맛도 없는 하

동북아해역 속의 부산

1930년대 청진항의 정어리 집산 모습을 담은 사진 엽서. 이때 정어리가 명태를 대신하고 있음을 알 수 있다.

품으로 여겨져 주의를 끌지 못했다. 일본이 명태에 본격 관심을 가지게 된 계기는 '조선'이었다. 조일통상장정의 체결(1883)로 우리 바다에 진출했던 일본 어민은 관혼상제에서 일상생활에 이르는 명태의 광범위한 수요에 놀라워했다. 일본인의 명태어업을 위한 시도는 청일전쟁부터 있었지만 성공을 거두지 못하다가, 러일전쟁 이후 도야마, 니카타 등 호쿠리쿠(北陸)의 어민들이 진출하면서 진전됐다.

일본에서 명태어업이 본격적으로 시작된 것도 이즈음이었다. 홋카이도에서는 1903년과 1904년에 명태어군이 발견되면서 점차 전업으로 발전해 갔다. 특히 1920년대에는 에도시대부터 성황을 이뤘던 청어가 격감하면서, 그 대체품으로 명태가 주목받았다. 문제는 판로였다. 일본인은 명태를 먹지 않았기 때문에 조선이 거의 유일한 판로였다. 일본 어민들은 조선에서 기술자를 초빙해 명태건조법을 전수받았다. 마침 '북선'에서 명태어업이 불황을 이루자,

동북아 바다, 인문학으로 항해하다

홋카이도의 명태가 대량으로 원산, 부산, 인천으로 유입됐다. 1930년대 남선창고에 보관된 명태 가운데 북해도(홋카이도)산이 압도적이었던 것도 이런 까닭이다.

명태, 정어리 그리고 우리의 꿈

1940년대에는 '북선'에서 정어리가 격감하는 대신 명태가 다시 성황을 이뤘다. 제국주의 일본은 물고기마저 전쟁 도구로 썼다. 화약재료 글리세린을 생산하는 정어리 기름은 국가가 직접 통제했다. 정어리가 사라지자 명태가 그 자리를 대신했다.

이때부터 일본에서도 명태는 청어와 정어리를 제치고, 일본 제일 어업으로 발전했다. 명태어업 급성장 이면에는 미처 이야기하지 못한 명란이라는 근대 '맛의 교환'이 있었음을 기억해 둘 일이다.

무언가를 지키기 위해 존재하는 벽은 언젠가 허물어질 운명을 타고났다. 저 붉은 벽을 보노라면 더 큰 벽이 떠오른다. 삼십여 년 전 독일 통일을 앞두고 베를린에서 펼쳐졌던 핑크 플로이드의 '더 월' 공연이 비무장지대에서도 펼쳐질 날이 있을까? 허허한 남선창고의 터에서 '북선'의 꿈을 되살릴 수 있을까? (김문기)

당신의 '부산'을
자랑하세요

외국인에게 한국 문화가 낯선 것처럼, 다른 지역 출신의 사람에게도 부산의 먹거리 문화는 낯설다. 이미 전국에 많이 알려진 부산 대표 음식 '돼지국밥', '밀면', '씨앗호떡'은 차치하더라도, 부산 어묵(오뎅) 속 '물떡'을 처음 본 순간 든 첫 생각은 '이것은 무엇일까?'였다. 순대가 먹고 싶어 주문했지만, 소금 없이 '막장'만 내어주신 사장님. 회덮밥에 넉넉한 인심을 담은 매운탕이 함께 등장한 건 좋았는데 '방아'는 기본이고 '산초'는 필수라며 차고 넘칠 만큼 주신 인정 많은 부산 아지매. 그리고 민락동 횟집 거리에 즐비하게 늘어선 '정체불명'의 '초장집'까지.

여태껏 포장마차는 가봤어도 '포장집'과 '포장 센터'는 부산에서 처음 접했고, '정육 식당'은 많이 봤지만 오싹한 어감의 '식육 식당'도 이곳 부산에는 많았다. 토박이 선생님에게서 들은 학창 시절 가성비 맛집 '상식(常食)집' 이야기. 또 '18번 완당집'은 어떤 집일까? 독특한 부산 문화의 혼돈을 경험하면서도 언제나 부산에는 설렘과 새로운 기대가 있다.

동북아 바다, 인문학으로 항해하다

대한민국 제1호 해수욕장 명성을 지닌 송도해수욕장, 우리나라를 대표하는 부산항, 바다 하면 떠오르는 해운대, 주택가와 인접해 매우 친근한 광안리 해변, 대중가요에 등장하는 오륙도, 유명한 BIFF 광장을 바라보면 해양도시이자 한국 제2의 도시 부산을 실감한다. 한편 화려함의 이면에는 국제시장, 영도다리, 깡깡이마을, 감천동, 아미동 등지에 슬픔의 역사가 있다. 그 속에서 '피란(避亂) 수도'로서 꿋꿋하게 버텨온 부산의 저력을 실감한다.

동북아해역의 중심지이며 해양도시의 기층문화가 뿌리내린 부산의 매력 그리고 다름이 살아 있는 문화, 외래문화를 부산다운 문화로 발전시킨 부산발(釜山發) 먹거리 문화는 '외지인'들에게도 인상적이다.

'완탕'? '완당'? 국물에 담긴 한중일

부산의 '완당집'에 대해 좀 더 알아보자. '완당' 한 그릇에는 한국, 중국, 일본이 모두 담겼다. 한국학중앙연구원의 향토문화전자대전에 완당은 중국에서 일본을 거쳐 부산에 정착한 음식으로, 만두피와 소를 엄지손가락 크기로 잘게 빚어 맑은 탕국으로 끓여낸 일종의 변형된 만둣국이라고 설명돼 있다. 완

만두피와 소를 엄지손가락 크기로 잘게 빚어 맑은 탕국으로 끓여낸 완당은 중국에서 일본을 거쳐 부산에 정착한 음식으로 알려져 있다. 출처 국제신문 DB

당의 어원을 보면 중국에서 아침 식사로 먹는 만둣국인 '훈뚠'에서 왔다고 볼 수 있다. 원래 중국 화북(華北) 지방에서 먹던 이 음식이 일본으로 건너가, '완탕(ワンタン)'으로 정착했고, 해방과 함께 귀국한 한 사람에 의해 부산에 전래했다.

만둣국 일종인 '완탕'은 얇은 밀가루 피에 적은 양의 소를 넣어 만든다. 그렇게 해서 국물에 떠 있는 작은 완탕이 하얀 구름을 닮았다 하여 '운당(雲呑)'으로도 부르다가 이것이 부산으로 건너와 '완당'으로 불리게 된 것이다. 중국 출발, 일본 경유, 한국 도착의 외래 음식이었지만 현재 '완당'은 중국 음식도, 일본 음식도 아닌 한국 음식 아니 부산 음식이다. 왜냐하면 국물과 완당 모양이 중국 것이나 일본 것과 달리 한국인 입맛에 맞게 변형됐기 때문이다. 부산에서 나는 멸치와 다시마로 기본 국물을 만들었고, 모양은 중국이나 일본 것보다 훨씬 더 얇고 작아졌다. 이러한 완당은 부산을 거쳐 국내에 널리 전파되기도 했다.

'부산 어묵'의 반란

부산하면 떠올리는 것 중에 대표적 길거리 음식은 '오뎅'이다. 현재 '어묵'으로 순화되었지만, 이것이야말로 부산의 식문화를 전국에 전파한 일등 공신이라고 볼 수 있다. 이 또한 일본에서 건너온 대표적 음식이다. 이 역시 앞서 설명한 '완당'처럼 '부산어묵'만의 독특한 아이덴티티가 있다. 일본 요리 중에 '덴가쿠(田樂)'라는 음식이 있다. 주로 두부나 곤약에 꼬챙이를 꽂아 된장을 발라 구운 것을 '덴가쿠'라 하는데, 여기에 '오(お)'라는 여성의 미화접두어가 붙어 '오덴가쿠(お田樂)'가 됐다. 이것이 뒤에 '오뎅'이라는 축

약형으로 쓰이면서 우리에게 익숙한 말로 바뀌었다.

사실 오뎅은 일제강점기에 한국과 대만으로 급속히 퍼지게 되었다. 대만에서는 '黑輪(오렌)', 그 외 중화권에서는 '熬点(아오디안)'으로 또는 '關東煮(관동조림)'으로 불리며 전래됐다. 한국에서 오뎅이 가리키는 식재료 범위는 일본에서 건너오면서 상당히 축소됐다. 우리나라 오뎅 재료는 '생선살을 갈아

외지인에게 낯선 부산 어묵 속 물떡, 출처 국제신문

만든 반죽'이 대부분이다. 이런 점에서 다양한 재료를 사용한 일본의 오뎅과 구별된다. 이러한 '부산 오뎅'은 일제강점기 일본에서 건너와 6·25를 겪으며 피란수도 부산에 정착하고 부산 어묵으로 탈바꿈해 전국적으로 그 명성을 이어나가고 있다. 최근 일본에서 건너온 이 부산 어묵이 후쿠오카에 해외 1호점 가게를 내면서 역진출에 성공한 사례도 주목할 만한 성과다.

부산·울산·경남 명물 음식, 전국으로

앞서 언급한 '초장집', '포장집', '포장센터', '식육식당'은 비단 부산뿐 아니라 부울경 지역에서 빈번히 볼 수 있다. '초장집'은 활어를 파는 어시장 등에서 횟감을 사 가면 그것을 요리해주는 곳

으로, 상차림 비용을 받고 회를 떠주거나, 매운탕을 끓여주는 곳이다. '포장집'은 포장마차의 '실내 버전', '포장센터'는 실내 포장마차를 여러 개로 쪼개 운영하는 형태가 대부분이다. 외지인이 들었을 때 생소한 어감의 '식육식당'은 사실 부산, 경상을 비롯해 전라·강원 지역에서도 쓰인다. 그렇지만 수도권과 충청 지역에서는 주로 '정육식당'이라는 말로 통용된다. 초장집은 주로 상차림 비용을 받는 횟집을 가리켰지만 최근에는 상차림 비용을 받는 식육식당으로까지 그 범위를 확대하고 있다.

사실 부울경 지역 최고 먹거리 관련 발신(發信) 문화는 경남 통영 '다찌집'이다. 메뉴를 정해서 시키는 게 아니라 술을 주문하면 음식이 나오는 형태의 가게다. '다찌'라는 말은 일본어의 간이식 선술집 '다찌노미'에서 왔을 것이라고는 생각되지만, 지역 주민들은 '다 있지'를 줄여 '다찌'라고 한다고도 설명한다. 이 속설은 '다 있지'와 '다찌'의 어형과 의미의 우연한 유사성에 기인한 민간어원(folk etymology)일 가능성이 크다. 통영 다찌집은 현재 명성을 얻고 전국적으로 확산하는 추세다. '구글 트렌드' 검색엔진에 '다찌'라는 키워드를 넣으면 경남-부산-울산-대구-서울 순으로 관심도 랭킹이 나타나 이를 뒷받침한다. (양민호)

부산의 섬, 우리나라
해역을 경계 짓다

‘동북아 해양수도 부산’. 부산시가 내걸고 있는 캐치프레이즈다. 대한민국을 넘어 동북아라니 그 배포가 자못 바다만큼이나 커 보인다. 바다는 부산이 가진 값진 자원인 만큼 오래전부터 바다를 표방해 왔고, 새 시대를 맞아 더 넓은 바다를 향해 뻗어 나가겠다고 하는 것은 지지를 보낼 일이다. 21세기는 해양의 시대라 하고, 동북아해역을 공유하는 한·중·일 3국이 너나 할 것 없이 바다에 정성을 들이고 있는 지금, 부산이 바다를 발판으로 삼아 도약하고 동북아해역의 중심이 되겠다는 것은 격려해야 할 일이다.

그런데 부산에는 바다만 있지 섬이 없다. 재밌게도 전라남도에는 섬은 있는데 바다가 없다. 섬과 바다를 떼어놓을 수 있는가 싶은데 말이다. 하기야 한편으로 생각하면 그도 그럴 것이 부산에는 섬이라고 해봤자 일상적으로 갈 수 있는 곳은 영도나 가덕도, 조도(일명 아치섬)가 전부인데, 이들은 모두 오래전 다리나 방파제로 육지와 연결되어 섬이라 하기에는 석연치 않은 면이 있고 나머지 섬들은 무인도여서 열혈 낚시꾼을 실어 나르는 배에 오르지 않고

동북아해역 속의 부산

서야 접하기 힘들다 보니 우리 마음에서 비켜나 있는 것이다. 이런 사정이 부산시의 정책에서도 그대로 나타나는 것 같다는 사실이 자못 안타깝기는 하다.

부산의 섬은 몇 개?

부산에 섬이 몇 개나 있는지는 정확하지 않다. 해양수산부나 행정안전부, 국토교통부 등 정부부처의 자료에 따르면 부산의 섬은 유인도가 3개 혹은 4개, 무인도는 42개, 43개, 45개 등으로 되어 있고, 부산통계연보에는 유인도 4개, 무인도 73개라고 하여 저마다 수치가 다르기 때문이다. 유인도는 앞서 말한 영도와 조도, 가덕도, 그리고 죽도(기장군, 개인 소유)가 있다. 원래는 가덕도 옆에 눌차도가 있었지만 가덕대교, 눌차대교, 거가대교 3개 다리가 건설돼 부산과 가덕도와 거제도를 연결하면서 눌차도는 가덕도에 편입되고 눌차동으로 바뀌었다. 강서구에 있는 둔치도는 명명백백한 유인도지만 아예 섬 목록에서 빠져있다. 바다가 아닌 강에 있는 섬이어서 빠진 것이라 짐작해보지만 여전히 석연치 않다. 무인도 중에는 부산의 랜드마크인 오륙도는 물론이고 낚시꾼 사이에서 아름답기로 명성이 자자하고 해양보호구역으로 지정되어 있는 목섬(일명 나무섬)과 남형제섬도 있다. 특히 남형제섬은 해식애와 해식동 등으로 해양수산부로부터 빼어난 자연경관을 인정받아 '아름다운 바다 속 생태비경 10선'에 선정됐다. 남형제섬이 있으니 당연히 북형제섬도 있다.

부산에 이런 섬들이 있고, 그것들이 아름다운 경관과 다양한 가치를 지녔으며 어민들의 작업터로 중요한 역할을 한다는 사실도 놀랍지만, 더 놀라운 것은 부산의 무인도 중 우리나라 해역을 획정 짓는 영해기점이 2개나 있다는 것이다. 우리나라는 '영해 및 접속수역법'에 따라 해안선의 굴곡이 심하지 않고 육지 부근에 섬이 없는 동해안은 통상기선을, 해안선 굴곡이 심하고 육지 부근에 섬이 많은 서해안과 남해안은 직선기선을 기준으로 그 바깥쪽 12해리 선까지의 해역 안에서 영해를 설정한다. 일정 수역의 경우에는 12해리 이내에서 영해의 범위를 따로 정할 수 있는데, 대한해협의 경우 일본과 거리가 가까운 관계로 3해리(5.556km)를 설정하고 있다. 우리나라는 육상 3곳, 13개 무인도서, 7개 유인도서 등 모두 23개 영해기점을 연결해 영해기선을 설정하여 주변 해역에 대한 관할권을 강화하고 있다. 바로 우리나라의 영해기점이 되는 이 13개의 무인도서 중의 2개가 부산에 있다. 그것은 아마 부산에 사는 사람이라면 꽤 여러 번 보았을, 그러면서도 대부분은 무심히 지나쳤을 '생도(生島)'와 '1.5미터암'이다.

'영해기점 생도'를 왜 잘 모를까

해양수산부는 2018년 1월 '이달의 무인도'로 생도를 선정해 소개한 바 있다. '풍부한 어족자원을 품은 섬'이라는 타이틀과 함께 물결 따라 살아 움직이는 것처럼 보인다 하여 생도라고 이름 붙여졌다고 소개했다. 그리고 태종대에서 1.4km 떨어진 8088m² 넓이의 돌섬으로, 주상절리나 수직절리가 발달해 풍광이 빼어나고 암석 곳곳에 땅채송화, 말사초, 갯고들빼기 같은 초본식물이 살아 숨쉬며 수중경관 또한 매우 아름답다고 소개했다.

태종대 전망대를 가 본 사람이라면 갔던 횟수만큼 생도를 보았

동북아해역 속의 부산

태종대 앞바다의 생도(부산 영도구 동삼동 1116). 한국의 영해기점 가운데 하나다. 곽수경 제공

을 것이다. 전망대 바로 앞에 있는 작은 바위섬, 주전자를 닮았다 하여 주전자섬이라 부르기도 하는 바로 그 섬이기 때문이다.

그런데도 그것이 영해기점이라는 사실을 아는 사람은 거의 없을 것이다. 국가적으로 해양영토에 대한 지식보급이나 교육이 미흡하다는 사실은 제쳐두더라도 태종대 어디에서도 생도가 우리나라 영해기점이라는 사실과 관련정보를 찾아볼 수 없어 참으로 안타깝다.

1.5미터암, 송정 한복판 떡하니

1.5미터암은 송정해수욕장 백사장에서 멀지 않은 바다 가운데 등대의 형태로 우뚝 서 있어 어느 각도에서도 쉽게 볼 수 있지만,

부산 송정 해변 근처 '1.5미터암'(등대 있는 곳). 한국의 영해기점 가운데 하나다. 곽수경 제공

대부분의 사람들은 그저 흔한 등대 중 하나이겠거니 생각하고 눈여겨보거나 개의치 않는다.

그것은 이름에서도 알 수 있듯이 원래는 물때에 따라 나타났다 사라졌다 하는 간조노출지이다. 간조노출지란 '썰물일 때에는 물로 둘러싸여 물 위에 노출되지만 밀물일 때에는 물에 잠기는 자연적으로 형성된 육지 지역'을 말한다. 물때와 상관없이 항상 물 위에 드러나 있는 섬이 아니어서 그 자체로는 영해기점이 될 수 없지만, 항상 수면 위에 노출되는 등대나 유사시설과 같은 인공시설물을 설치한 경우에는 직선기선의 기점으로 인정받을 수 있다. 1.5미터암에는 등대가 설치돼 있어 영해기점이 되었다. 하지만 등대가 세워진 것도 불과 몇 년 전 일이다. 2014년 우리 정부는 영해기점에 영구시설물을 설치하고 해양영토 찾기에 나섰고, 그렇게 영해

기점을 정리하면서 우리 해양영토가 여의도 면적의 14배가량 늘어났다고 했는데, 그 이전까지는 해양영토를 제대로 관리하지 않았다는 말이기도 하다.

그런데 생도나 1.5미터암에서 알 수 있듯이 아직도 그 많은 관광안내판이나 도보길 안내도 가운데 영해기점 설명문 하나 없는 것은 어떻게 이해해야 할까? 명실상부한 동북아 해양수도의 첫걸음은 해양영토의 기점 정도는 알리는 것부터 시작해야 하지 않을까? 푸른 바다가 넘실거리는 태종대나 송정 백사장을 걸으며 영해기점을 찾아보는 관심을 우리 스스로 가져보아도 좋겠다. (곽수경)

동북아 바다, 인문학으로 항해하다

2019 부경해양지수

부경대학교는 2017년 '부경해양지수(PKNU Maritime Index)'를 조사하기로 기획했다. 한국인에게 바다는 어떤 의미를 갖는지에 대한 최초의 종합적 조사였다. 바다가 지니는 의미를 지역·세대·개인 경험에 따라 파악해 이를 해양인문학, 해양교육, 해양문화산업 연구 기초자료로 활용하기 위한 것이다. 전국 성인남녀 1000명 이상을 대상으로 해마다 설문조사를 하고 있다.

'한국인에게 바다란 무엇인가'

2017년과 2018년에는 '한국인에게 바다란 무엇인가?' 인식 조사를 위한 설문조사를 했고, 2019년에는 한국인의 해역 인식과 해역이 지니는 인문학적 인식을 파악하려는 항목을 추가했다. 부경해양지수는 처음 두 해에는 친숙지수·먹거리지수·해양문화지수·안보안전지수·환경지수·지식지수 등으로 구성했는데, 2019년에 동북아해역지수를 추가했다. 또 예년보다 200명 정도를 늘려 전국 성인 남녀 1200명을 대상으로 1대1 대인 면접 조사를 했다.

한국인의 바다 인식을 종합적으로 나타내는 지수인 '부경해양지수-해양인식지수'는 585.3점(1000점 기준)으로 나타났다. 하위 영역별로는 친숙지수(64.1점), 체험만족지수(63.6점)가 높게 나타났으며, 안전지수(47.4점), 교육지수(46.1점)가 상대적으로 낮았다. 지수별 점수를 각각 100점 만점 기준으로 산출한 후 전체 총점 1000점 기준으로 환산한 것으로, 각 지수별 점수는 차이가 있다. 하위 지수별 결과는 다음과 같다.

친숙지수 바다에 대해 긍정적 정서를 느끼는 정도를 측정한 친숙지수는 64.1점. 제시된 20개 긍정 정서 단어에 대해 절반 이상 응답자가 모두 '어울린다'고 응답해, 바다에 긍정적 느낌을 지닌 응답자가 많다. '낭만적인'(74.4점), '기분이 좋은'(74.8) 등 형용사가 특히 높은 점수를 보였고, '순수한'(65.3점), '흥미진진한'(67.8점) 등은 상대적으로 낮았다.

지식지수 바다 관련 지식 정도를 측정한 지식지수는 51.8점으로 지난해 59.8점보다 낮았다. '과학' 분야 관련 지식이 67.9점으로 가장 높고, '정치/사회(55.0점)', '지리(54.6점)', '역사/문화(50.3점)' 등인데 지난해와 비슷하다.

해양체험활동지수 해양 체험 및 문화활동 만족도를 나타내는 해양체험활동지수는 63.6점. 해양관광 활동(70.3%) 및 대중매체를 통한 해양 관련 정보 습득(68.8%) 경험 비율이 높고, 활동 빈도는 대부분 활동에서 지난 1년 기준 1~3회로 답했으며, 활동 만족도가 평균 60점 이상으로 높은 수준을 보여 높은 편이다.

"해상 대형참사, 나에게도 닥칠 수 있다 느껴"

안전지수 바다 안전사고에 대한 인식, 안전 의식, 안전 사항 숙지 정도 등을 종합으로 나타내는 안전지수는 47.4점이다. 다양한 매체를 통해 해양 관련 사고나 사건을 많아 접했다는 응답자가 전체 62.2%, 자신이 대형 해양참사를 경험할 가능성이 있다고 느끼는 경우도 62.6%에 달했으나 바다 체험 활동 중 사고를 당했을 때 안전하게 구조될 것으로 기대한다는 비율은 51.4%로 상대적으로 낮다. 해양 안전의식 강화를 위한 교육 필요성은 과반 응답자가 동의했지만(68.4%) 실제 개별 항목에 대한 안전 의식 수준은 낮은 편이었다.

우리나라 해양 안보 수준에 대한 종합적 평가를 나타내는 안보지수는 54.6점이다. 해양 주권, 해양 영유권, 구체적 안보 및 보호 행위 관련 개별 항목에 대한 평가도 50~60점으로 나타났으며, 지난해 안보지수는 56.2점으로 대체로 낮았다.

수산물 안전·바다 보호 강화의 필요성

수산물 음식 선호도, 섭취 필요성, 만족도를 나타내는 먹거리 지수는 51.4점이다. 특히 수산물의 '건강'과(62.1점) '맛' 측면에서 (61.5점) 높이 평가했으며, '가격 경쟁력'(54.7점)과 '안전' 측면(55.1점)에서는 다소 낮다.

우리나라 바다에 대한 환경 만족도, 환경의식·행동을 종합으로 측정하는 환경 지수는 51.7점으로 해양환경 만족도 수준은 대개 50점대를 기록했다. 해양 환경에 대한 개인의 관심 수준과 적극적인 행동 수준(미세플라스틱 함유 제품 사용을 피함, 해양 보전을 위한 단체 소속, 추가 세금 부담 감수 등)에 어느 정도 상응하는 것으로 파악됐다. 지난해 환경지수는 55.4점으로, 해양수질 관리 상태 (47.9점), 해양 쓰레기 처리 상태(40.5점) 등에 대한 만족도가 낮았다. 특히 제주 지역에서 해양 쓰레기 처리 수준 만족도가 29.6점으로 낮았다.

바다가 끼치는 경제적 영향력을 나타내는 경제지수는 50.6점이다. 바다가 우리나라 경제 전체에 미치는 영향은 68.3점으로 높으며, 지역경제 영향력도 56.6점으로 나타났으나, 개인의 직장·직종 및 소득에 미치는 영향은 다소 낮은 수준이었다.

해양정책 평가 및 순응도를 나타내는 정책지수는 53.1점이다. '수산물 안전 관련 제도 강화가 필요하다' 응답자가 68.5%, '해양 환경 보호를 위해 적극적 정책이 필요하다'는 의견이 62.0%로 환경 보호 중요성을 크게 느끼고 있었다.

인접한 중국·일본과의 해양 역사, 관계 등에 대한 인지 정도를 나타내는 동북아해역지수는 51.1점이다. '일제 강점기에 들어온 일본 교육제도가 한국 교육에 영향을 미쳤다'(63.7%), '개항 이후 유학생의 해외 활동은 근대화에 영향을 미쳤다'(59.9%)라는 의견이 높고, '근대에서 현대로 갈수록 바다의 쓰임새가 많다'(65.1%)는 의견도 상대적으로 높다.

바다·해역 관련 일반 항목 중 대표되는 것을 찾는 문항이 있었다. 예를 들어 한국 대표 항구는 '부산항', 대표 섬은 '제주도', 해수욕장은 '해운대'로 꼽았다. 대표 생선은 '고등어', 한국 바다 하면 떠오르는 곳은 '동해', 바다 하면 떠오르는 영화는 〈해운대〉, TV프로그램은 〈도시어부〉, 소설은 『노인과 바다』, 노래는 '여수 밤바다', 바다를 대표하는 인물은 '이순신', 음식은 '생선회', 좋아

동북아 바다, 인문학으로 항해하다

하는 바다는 '동해', 좋아하는 해양생물은 '고래' 등으로 조사됐다. 이 조사는 우리가 쉽게 접할 수 있는 바다 이미지를 파악하는 데 도움이 될 것이다.

국내 최초 종합 해양인식조사

'부경해양지수(PKNU Maritime Index)'는 '한국인에게 바다란 무엇인가?' 라는 인문적 질문에 대한 한국 최초 종합적 해양인식조사이며, 해마다 실시해 상당 기간 통계자료가 비축된다면 학술적으로도 귀중한 자료가 될 수 있다. 바다와 인간의 관계 그리고 이러한 '세계-파악'을 통해 우리는 바다와 어떤 관계를 맺고

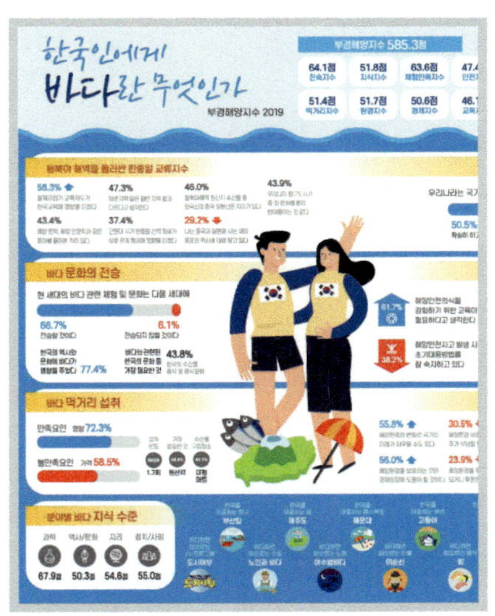

부경해양지수

살아가야 하는가, 다음 세대에 어떤 바다와 해양문화를 물려줄 것인가에 대한 인문적 고찰에서 출발한 종합 해양 인식 조사라는 점에서 큰 의의가 있다. (정해조)

닮은 듯 다른
부산 · 상하이

 부산과 상하이의 역사적 공통점은 크게 세 가지 측면에서 살펴볼 수 있다.

 우선, 부산과 상하이는 근대시기 외세 침략에 의해 개항돼 식민지 약탈정책의 일환으로 근대적 항구도시로 개발됐다. 부산은 강화도조약 이후 1876년 개항했다. 일본은 경제적 침탈을 쉽게 하려고 옛 초량왜관 터에 조계(租界) 즉, 일본전관거류지(專管居留地)를 설치했고 도로를 정비하고 철도를 건설하고 항만을 매축하고 부두를 건설했다. 식민지 지배와 약탈을 위한 기반을 다져나가는 과정에서 부산은 근대적 해항도시로 변모했다.

 상하이 또한 아편전쟁 이후 난징조약(南京條約)으로 1842년 개항했다. 상하이는 중국 내륙 깊숙이 이어지는 창장(長江) 입구에 있어 영국, 미국, 프랑스 등 제국주의 국가가 일찌감치 눈독 들였다. 제국주의 국가들은 황푸(黃浦)강 유역을 중심으로 조계지를 설치했고 무역상사나 은행을 세워 식민지 경영을 위한 만반의 준비를 했다. 상하이의 와이탄 지역이 화려한 근대 도시로 변모한 것은

동북아 바다, 인문학으로 항해하다

아이러니하게도 바로 이런 제국주의 국가의 경제적 침략 때문이었다.

닮은 점 많은 두 도시

다음으로, 부산과 상하이는 전란(戰亂)으로 도시 규모가 확대된 공통점이 있다. 부산은 한국전쟁 시기 1950~1953년 약 1000일 동안 대한민국 임시수도였다. 수많은 사람이 전란을 피해 부산으로 몰려들었다. 1945년 당시 30만도 되지 않았던 인구가 피란민이 대거 정착하면서 1955년 100만 명이 넘어 명실상부한 한국 제2의 도시로 자리 잡았다.

상하이도 그러했다. 아편전쟁 이후 창장 이남을 중심으로 태평천국(1850~1864)이 건국됐는데, 태평천국 전란을 피해 수많은 사람이 조계가 설치돼 외국 군대의 보호를 받을 수 있는 상하이로 몰려들었다. 1911년 청나라가 망하고 중화민국이 성립됐으나 전란은 끊이지 않았다. 초대 총통 위안스카이(袁世凱)의 사후 군벌시대(1916~1928)가 펼쳐졌으며, 중화인민공화국이 성립한 1949년까지 국민당과 공산당이 자웅을 겨뤘다. 수많은 사람이 상하이로 몰려들었다. 개항 전 상하이 인구는 50여 만에 불과했는데 1880년에 이르러 100만을 돌파했고, 1930년대 300만 명을 넘었으며, 중화인민공화국 성립 직전에는 545만 명이 넘었다 한다.

끝으로, 부산과 상하이는 근대적 항구도시로 발전하면서 바다를 통해 그 어느 도시보다 외국 문화, 특히 대중문화를 빨리 받아들였다. 이는 부산과 상하이에 유독 대중가요나 영화가 일찍이 발달했다는 점에서 잘 알 수 있다.

동북아해역 속의 부산

부산은 대중가요가 일찍 발달한 곳이다. 일본의 엔카가 부산에서 제일 먼저 유행했으며, 가라오케나 노래방도 부산을 기점으로 북상하면서 전국으로 퍼져나갔다. 요즘 젊은 세대는 잘 모르겠지만, 불과 십여 년 전만해도 길거리에는 음악을 크게 틀어놓고 대중가요 카세트테이프를 파는 노점상이 많았다. 이른바 '길보드 차트'가 형성돼 있었는데, 부산의 '길보드 차트'에서 성공을 거둬야만 서울과 전국에서 유행할 수 있었다. 부산에서 유행하면 한 달쯤 지나서야 서울에서 비로소 유행할 정도로 부산의 대중가요는 앞서가고 있었다.

상하이는 동북아시아에서 그 어느 도시보다 서구 대중문화를 적극적으로 받아들였다. 예를 들어 영화는 프랑스에서 1895년에 발명됐는데 이듬해 1896년 중국에 수입됐다. 1927년 '중국영화산업연감'의 통계에 따르면 중국에서 출품한 영화가 전국적으로 178편이었는데 이중 172편이 상하이에서 제작됐다. 상하이의 대중문화가 얼마나 융성했는지 잘 보여준다.

다른 점도 많은 두 해항도시

그런데 부산과 상하이는 이처럼 비슷한 역사 경험을 공유하면서도 많은 측면에서 다르다. 다른 점의 출발은 바로 규모에서 시작된다. 부산과 상하이는 둘 다 양국 최대 항구도시이다. 하지만 부산은 제2의 도시라는 꼬리표를 떼지 못하는 반면, 상하이는 명실상부 중국 대표 거대 도시이다. 최근 몇 년간 통계를 보면, 상하이 면적은 6340.5km²로 769.89km²인 부산보다 약 8배 넓다. 인구 또한 약 2400만 명으로 340만인 부산보다 7배 많다. 도시 총생산

동북아 바다, 인문학으로 항해하다

부산(위쪽)과 상하이 모습. 부산과 상하이는 많은 점이 비슷하지만 차이도 매우 크다. 상하이의 역사와 경험에서 부산이 참고할 것도 많다. 출처 위키피디아

은 부산이 2017년 83조 원, 상하이는 2018년 500조 원이 넘었다. 모든 면에서 부산은 명함을 내밀지 못할 정도다. 원래 양적 축적이 질적 변화를 불러오기 마련이다. 상하이의 거대 규모는 '단순 차이'가 아닌 '질적 다름'을 형성하였던 것이다.

1992년 한·중수교 이후 1993년 한국 제1 항만도시 부산은 중국의 제1 항만도시 상하이와 자매결연했다. 하지만 이를 아는 상하이 사람은 별로 없다. 자매결연 이후 초량에 '상해거리'를 조성하며 이를 널리 홍보하려 했던 부산과 달리 상하이는 별다른 홍보를 하지 않은 것 같았다. 어쩌면 일찍이 거대 국제도시로서 자부심이 강했던 상하이에서 볼 때, 분단국가 한국의 한 지방도시는 안중에도 없었을 수도 있다. 바로 이 점이 부산과 상하이가 비슷하지만, 다른 점을 냉정하게 보여주는 것이라 할 수 있다.

부산 도약의 조건

사실 상하이도 부산과 비슷하게 조그만 어촌 마을에서 발전한 도시이다. 상하이가 했다면 부산이 못 하리라는 법이 없다. 따지고 보면 상하이가 발전한 것은 바다를 향해 무한히 열려 있었고 대륙이라는 거대한 배후 지역을 가지고 있었기 때문이다. 부산도 관문도시로 바다를 향해 그리고 하늘로 향해 24시간 열려 있게 되고, 통일 후 유럽에 이르는 철로가 연결돼 유라시아라는 거대한 대륙을 배후지로 가지게 된다면 상황은 달라질 것이다.

최근 동북아해역의 국제정세는 100년 전처럼 다시금 소용돌이 치고 있는 것 같다. 중국이 새로운 패권국가로 등장하고, 일본

동북아 바다, 인문학으로 항해하다

은 극우로 치닫는다. 부산이 상하이와 비슷함을 적극 활용하고
다름을 극복해 동북아 해역 중심도시로 발전하기를 꿈꾸어 본다.
(안승웅)

중국의 '해양력 증강 정책'을
주목하라

21세기는 해양의 세기이다. 해양자원과 해양공간을 전면적으로 개발하고 이용하는 '입체 해양'시대를 맞이한 세계 각국은 나름의 해양발전 전략을 수립하고, 실현하고자 노력하고 있다. '블루 오션(Blue Ocean)'에 대한 각국의 관심은 일차적으로 수산, 해양학 등 자연과학이나 공학 관련 학과의 종합적인 연구에서 출발해 많은 성과를 거뒀다. 그 토대 위에, 최근 인문사회과학 분야에서도 자연과학 등 학문과 통섭한 인문사회학 관점 해양학 연구가 새롭게 주목받고 있다.

해양 인식은 일찍이 서구 국가를 중심으로 전개된 경향이 있으며 그들 국가의 해양력(Sea Power) 확산에 집중됐다. 서양 세계는 해양을 통해 꾸준히 식민지를 넓혔으며, 그들이 구축한 해양 문명을 이데올로기화하고자 했다. 이러한 해양력의 전 세계적 확산은 근대 세계사를 요동치게 했다. 이에 따라 근대 시기에는 서구와 동양이라는 이분법적 사고, 즉 제국주의적 패러다임이자 서구 중심 사고인 '서구의 충격과 동양의 반응'이라는 비대칭적

동북아 바다, 인문학으로 항해하다

구도가 출현했다.

대륙과 해양이라는 이원 대립 구조 속에서 대륙은 동양·전통·전제(專制)·보수를 대표하고, 해양은 서구·현대·민주·개방을 대표하는 것으로 각인됐다. 이런 사고는 강력한 힘을 가진 자본주의와 결합해 더욱 큰 힘을 발휘했으며, 근대 시기 중국은 서양의 해양연구 학문지식을 도입하고, 이를 좌표로 삼아 대륙 중심 사고를 비판·개조하고자 하는 움직임이 생겼다.

'해양' 넘어 '해역' 주목하는 이유

20세기 중·후반 들어 근대적 국가질서라는 연속선상에서 중국을 비롯한 아시아 각국은 자국과 피지배적인 역사 관계에 중점을 두어 해상을 통한 교역·교류 방면에 연구를 진행해 왔다. 21세기로 접어들면서 기존 양국 간이 아닌 다국가적 각도에서 그들 간의 관계를 살피고, 또 그 속에서 자국 위치를 파악하려는 경향으로 나아가고 있다. 단순히 해양이라는 제한된 속성에 그치지 않고 '해역(海域)'이라는 개념을 제시해 범위를 확대한다. 해역이라 함은 브로델(Braudel)의 세계 해역사(海域史)에 대한 이해에서 시작돼, 바다 세계 그 자체에만 예속되는 것이 아니라 그 바다를 에워싼 육지 간 교류, 즉 해상과 육상의 상호작용을 모두 포괄하는 개념으로 인식된다. 여기에는 정치·경제·사회·문화 등을 아우르는 학제적 연구가 요구되기에, 기존 '중심과 주변'이라는 관점에서 진행된 연구에 새로운 기제로 작용할 수 있을 것이다.

1990년대 들어서면서 서구 중심 해양 인식에 대한 새로운 전환이 중국을 위시한 동아시아에서 일어났다. 특히 중국은 개혁개

동북아해역 속의 부산

방 이래 해양에 대한 꾸준한 관심으로 많은 진전을 이뤘고, 21세
기로 접어들어서는 해양발전 전략을 국가전략으로 승격했다. 이
런 국가전략 가운데 인문사회과학적 해양력을 재조명하려는 노력
이 여러 분야에서 나타났다. 이에 중국공산당 제18차(2012)·19차
(2017) 전국대표대회에서 '해양강국'이라는 명제를 강력하게 역설
했다. 해양자원, 해양경제, 해양생태환경 등 해양권익을 강력히 보
전해 해양강국을 건설하려는 것이다. 이는 아시아와 유럽을 잇는
두 노선인 일대일로(一帶一路) 중 해상실크로드를 통해 해양 강국
의 의지를 더욱 확장하려는 그들만의 단단한 의지 표현이라고 보
아도 될 것이다.

중국 시진핑 주석이 참석한 해상 열병식, 출처 국제신문 DB

2019년 초, 시진핑 중국 국가주석은 중화인민공화국 해군 창설
70주년 경축행사에서 '해양운명공동체' 개념을 제시했다. 유동성

동북아 바다, 인문학으로 항해하다

과 경계를 뛰어넘는 '전파성'이라는 속성을 지닌 해양을 통해 각기 고립된 도서와 대륙을 잇는 운명공동체를 건설하려는 구상이다. '인류운명공동체'의 주요 구성부분이라 할 '해양운명공동체'를 통해, 현재 인류사회가 직면한 엄중한 해양문제를 해결하고 인류 공동의 건강한 자산으로 탈바꿈 시키고자 하는 것이다. 이런 구상은 일개 국가를 넘어 해역으로, 더 나아가 전 세계적으로의 협력 시스템을 구축하는 것이다.

이처럼 거대한 '해양운명공동체' 목표를 실현하기 위해서는 먼저 지역과 지역을 묶는 '권역에서의 정합 작용'이 이뤄져야 하는데, 이에 '아시아 지중해'라 할 수 있는 환동해권에 위치한 한반도·일본·중국을 아우르는 해역에 주목한다. 이 해역은 천연적인 항만과 도서(島嶼)가 존재해 구역 간 항해에 아주 유리한 조건을 겸비했기에, 고대부터 현재까지 구역 간 해양문화 교류의 주요 무대가 되고 있다.

해양력 강화를 위한 중국의 총력전

현재 중국 중앙정부는 교육부와 국가해양국 산하에 '중국해양발전연구센터(AOC)'와 '국가해양국해양발전연구소(CIMA)' 등 해양 관련 기구를 설치해 해양 관련 정책·전략·법률·경제·권익·문화 등을 중심으로 많은 연구를 진행한다. 연해 지역에 위치한 각 성 정부도 국가 전략에 발맞춰 해양 관련 기구를 설치하고 지역의 해양경제나 해양문화를 다각도로 살핀다. 더욱 주시할 것은 대학 중심으로 한 해양 연구 활동이다. 베이징대의 '해양전략연구센터', 중국해양대의 '해양발전연구원', 닝보(寧波)대의 '동해연

동북아해역 속의 부산

구원', 저장대의 '주산해양연구센터', 샤먼(廈門)대의 '남해연구원' 등을 두어 해당 권역에 맞는 다양한 연구를 전개한다.

중국이 연구기구의 하드웨어적 정책뿐 아니라, 해양의 소프트웨어적 문명사 연구에 경주하고 있음에 주목할 필요가 있다. 문명사 연구는 현재적 문제 연구에 그치지 않고 과거에서 현재로 또 미래로 이어지는 항구적 연구로, 그 자체로 정체성을 확보하고 세계성으로 나아가는 근거가 된다.

중국 학계의 해양문명사 연구는 학과 간 교차·통섭을 통한 학문 체계, 즉 해양인문사회과학 건설 분야로 전개되고 있다. 그 일환으로 인문사회학 각도에서 중국해양문명에 많은 노력을 기울이는 샤먼대학을 주목할 필요가 있다. 이 분야에 첫발을 내딛어 선성(先聲)을 이룬 연구자가 샤먼대학 양궈전(楊國楨) 교수다. 그는 문명사적 각도에서 해양을 주시해, 『해양과 중국 총서』(8권), 『해양중국과 세계 총서』(12권), 『중국해양문명주제연구』(10권)를 주관하여 출판했다. 이러한 총서는 중국 해양역사와 해양문화에 대한 탁월한 성취이자 중국해양문명사 연구의 새로운 지평을 열었다고 할 수 있다. 이런 작업은 중국의 문명적 '해양력'에 근저가 되어 자국에서 권역으로, 더 나아가 세계적 문명사로 자리매김하고자 노력할 것이다. 물론 현재 진행 중인 중국의 해양력 확산에 내포된 자국중심주의 경향은 깊이 사유할 여지가 있다. 하지만 이것이 우리에게 던지는 시사점도 충분히 있다.

현재 대한민국은 '해양강국' 슬로건을 제시해 21세기 해양 시대를 이끌 수 있을까 하는 의구심이 든다. 이웃 중국과 일본의 해양 강국 추동 동력이 무엇인지 직시해야 한다. 삼면에서 해양으로 진출할 수 있는 한국, 그중에서 '해양수도'를 표방하는 부산은 개방

동북아 바다, 인문학으로 항해하다

성·포용성을 지닌 역동적 해양문화를 창조해 왔고, 글로벌 해양도시로서 환태평양 경제·문화 교류 거점으로 성장해 왔다. 태평양으로 나아가는 관문인 부산은 지금이야말로 특유의 '해양력'을 어떻게 투사할 수 있을지 고민이 필요하다. 이는 분산되고 산발적인 연구가 아니라, 집약되고 집중적인 투자와 시간이 필요하다. (김창경)

참고 문헌

〈한국어 문헌〉

강덕상, 『근현대 한일관계와 재일동포』, 서울대학교출판부, 1999.

강명관, 『조선시대 책과 지식의 역사 – 조선의 책과 지식은 조선사회와 어떻게 만나고 헤어졌을까?』, 천년의상상, 2014.

강재언, 『서양과 조선』, 학고재, 1998.

김광열, 『한인의 일본이주사 연구』, 논형, 2010.

김기수(저)·이재호(역), 『日東記游』, 민족문화문고, 1989.

김기수(저)·구지현(역), 『일동기유』, 보고사, 2018.

김문기, 『바다/물고기/지식 : 근세 동아시아의 어류박물학』, 한국학술정보, 2019.

김문기·조세현·박원용 외, 『해양사의 명장면』, 산지니, 2019.

김숙자, 『일본어 외래어』, 제이앤씨, 2007.

김재승, 『한국근대해군창설사』, 혜안, 2000.

김태만·김창경·박노종·안승웅 공저, 『쉽게 이해하는 중국문화』, 다락원, 2011.

남영우, 『일제의 한반도 측량침략사』, 법문사, 2011.

대중문학연구회 저, 『무협소설이란 무엇인가』, 예림기획, 2001.

도노무라 마사루, 신유원·김인덕 옮김, 『재일조선인 사회의 역사학적 연구』, 논형, 2012.

류젠후이, 양민호·권기수·손동주 역, 『마성의 도시, 상하이-일본 지식인의 근대체험』, 소명출판, 2020.

마루카와 데쓰시, 백지운·윤여일 역, 『리저널리즘』, 그린비, 2008.

미즈노 나오키·문경수, 한승동 옮김, 『재일조선인: 역사, 그 너머의 역사』, 삼천리, 2016.

모모키 시로 엮음, 최연식 옮김, 『해역아시아사 연구 입문』, 민속원, 2012.

부경대학교 인문한국플러스사업단 편, 『동북아해역과 인문 네트워크』,
    소명출판, 2018.

부경대학교 인문한국플러스사업단 편, 『동북아해역 인문네트워크의 근대적
    계기와 기반』, 소명출판, 2019.

성공회대학교 동아시아연구소, 『주권의 야만: 밀항, 수용소, 재일조선인』,
    한울아카데미, 2017.

손과지, 『상해한인사회사』, 한울, 2006.

송병건, 『경제사-세계화와 세계 경제의 역사』, 해남, 2019.

신원식 외, 『한·중·일 한민족 놀이문화』, 북스힐, 2014.

야마다 아키라 지음, 윤현명 옮김, 『일본, 군비확장의 역사』, 어문학사,
    2014.

야마무로 신이치, 정선태 · 윤대석 역, 『사상과제로서의 아시아』, 소명출판,
    2018.

양궈전, 김창경·권경선·곽현숙 역, 『해양문명론과 해양중국』, 소명출판,
    2019.

옌안성, 한영혜 역, 『신산을 찾아 동쪽으로 향하네-근대 중국 지식인의
    일본 유학』, 일조각, 2005.

이덕주, 『조선은 왜 일본의 식민지가 되었는가』, 에디터, 2001.

이매뉴얼 C.Y. 쉬 저, 조윤수·서정희 옮김, 『근현대중국사』(상·하), 까치,
    2013.

이시카와 료타, 최민경·권기수·전성엽·조영호 옮김, 『근대 아시아시장과
    조선: 개항·화상·제국』, 소명출판, 2020.

이용상 외, 『일본 철도의 역사와 발전』, 북갤러리, 2017.

이재정, 『조선출판주식회사 : 조선은 왜 인력과 물력을 동원하여 출판을
    독점했을까?』, 안티쿠스, 2008.

이태진, 『고종시대의 재조명』, 태학사, 2000.

임대근·곽수경 외, 『상하이 영화와 상하이인의 정체성』, 산지니, 2010.

임대근·곽수경 외 『20세기 상하이 영화: 역사와 해제』, 산지니, 2010.

정영환, 임경화 옮김, 『해방 공간의 재일조선인사: '독립'으로 가는 험난한
　　길』, 푸른역사, 2019.

제주대학교 재일제주인센터, 『재일제주인과 마이너리티』, 경인문화사,
　　2014.

조세현, 『천하의 바다에서 국가의 바다로』, 일조각, 2016.

조세현, 『해양대만과 대륙중국』, 부경대학교출판부, 2017.

조영제, 『생선회 100배 즐기기』, 김&정, 2009.

주희춘, 『제주 고대항로를 추적한다』, 주류성출판사, 2008.

진산 저, 강봉구 역, 『중국무협사』, 동문선, 2000.

진한엠앤비 편집부, 『기록으로 본 한국의 정보통신 역사 1』, 진한엠앤비,
　　2012.

遞信部, 『韓國電氣通信100年史(上)』, 동아인쇄공업주식회사, 1985.

최영호, 『부관연락선과 부산: 식민도시 부산과 민족 이동』, 논형, 2007.

최차호, 『초량왜관』, 어드북스, 2014.

탁양현, 『근현대 한반도 전쟁사, 청일전쟁 러일전쟁 한국전쟁』, e퍼플,
　　2019.

하마시타 다케시, 서광덕·권기수 역, 『조공시스템과 근대 아시아』,
　　소명출판, 2018.

한국해양대학교 국제해양문제연구소 편, 『세계의 해항도시 Ⅰ 아시아편』,
　　선인, 2014.

헨드릭 하멜, 김태진 옮김, 『하멜표류기』, 서해문집, 2003.

한철호, 『한국 근대의 바다 : 침략과 개화의 이중주』, 경인문화사, 2016.

홍순권, 『일제강점하 부산의 지역개발과 도시문화』, 선인, 2009.

황호덕, 『근대 네이션과 그 표상들』, 소명출판, 2005.

〈일본어 문헌〉

有山輝雄, 『情報覇權と帝國日本Ⅲ : 東アジア電信網と朝鮮通信支配』,

동북아 바다, 인문학으로 항해하다

　　　吉川弘文館, 2016.

石毛直道,『食事の文明論』, 中公新書, 1982.

井上史雄,『日本語は生き残れるか』, PHP新書, 2001.

岡田 哲,『明治洋食事始め —とんかつの誕生』, 講談社学術文庫, 2012.

牛越國昭,『對外軍用秘密地圖のための潛入盜測 1』, 同時代社, 2009.

河添房江,『唐物の文化史 舶來品からみた日本』, 岩波書店, 2014.

小菅桂子,『にっぽん洋食物語大全』, 講談社, 1994.

杉田玄白·片桐一男,『蘭学事始』, 講談社学術文庫, 2000.

新潟市 編,『新潟港のあゆみ-新潟の近代化と港』, 新潟日報事業社, 2011.

新潟都市圏大学連合,『みなとまち新潟の社会史』, 新潟日報事業社, 2018.

橋本直樹,『日本食の伝統文化とは何か7明日の日本食を語るために』,
　　　生活文化史選書, 2013.

〈중국어 문헌〉

蘇智良, 陳麗菲 著,『近代上海黑社會研究』, 浙江人民出版社, 1991.

〈ㄱ〉

간조노출지 261
감귤 104-105, 108-109
강남수사학당 87
강남제조총국 87
강화도조약 38, 40, 98, 161, 241, 268
개항장 13, 15-19, 25-26, 94, 137,
　　143
고베마루 93, 95
고시히카리 24
곽회일 반란 48
광저우 13, 31, 69, 93
광학회 84
교육지수 264
거문도 38-39, 170-171, 243-244
격치서원 84
『격치휘편』 84-85
경사동문관 83
경제지수 266
「곤여만국전도」 75
국립국어원 165
국립해양박물관 198
군함 15, 31, 33, 36-39, 54, 89
귀츨라프 68-72
귀환 27, 126-128, 198
규장각 84
기무라야(木村屋) 144
기선(汽船) 15-16, 92-97, 100, 105-

107, 246, 248,
기층문화 169, 183, 253
기타 겐지로(木田元次郞) 156
근대화 20, 22, 55, 58, 60, 78, 81-82,
　　85, 100-102, 123, 150, 152, 158,
　　224, 266

〈ㄴ〉

나가사키 12-13, 15-16, 18, 20, 22-
　　23, 26, 49, 55-59, 76, 78, 93, 96,
　　142, 148, 154, 178, 204, 241-243
「나비부인」 22-23
나진 27, 248-249
난징조약 13, 210, 268
난학 58, 76-78, 154
남선창고 246-249, 251
네트워크 16-17, 20, 47, 64, 66, 69,
　　83, 97, 124-125, 188, 198-199,
　　219, 243
놀이문화 180, 183
농어 170-173
닝보 15, 65, 188, 277

〈ㄷ〉

다찌집 256
단팥빵 143, 145, 147
대북전신회사 242
대중문화 216, 269-270

인천 13, 16-21, 31, 37, 41, 96, 161,
    163, 182, 242, 246, 251
『일동기유』 98-99
일본우선회사 95-96
일제강점기 85, 104, 123, 147, 153,
    164, 167, 180-183, 206, 238, 255
1.5미터암 259-262
임시정부 135, 139
임진강 110-112, 114-116
『입당구법순례행기(入唐求法巡禮行
    記)』 187

〈ㅈ〉
장껨뽀 180-181
장보고 187, 199-202
장원양우상론 71-72
재영토화 17
재일본대한민국민단 113
재일본 조선인 총연합회 112
재일제주인 104-105, 107-109
재일조선인연맹 113-114
재일코리안 107, 110, 112-134, 234,
    238-239
재일한인 역사자료관 129, 131-134
저우쩌런 94
전신국 241, 243
절충요리 156, 158
정어리 246, 249, 251
제국주의 30, 72, 150-152, 210, 213,
    221, 223, 251, 268-269, 274
제임스 레게 88
제주도 50, 52, 104-109, 186-187,

203-207, 244, 266
조계
조계네트워크 16-17
조공 시스템 75
조사시찰단 90
조선교육령 183
조선소 99, 102
존스턴별장 16-17
중간자 73
중간지대 73
중국학 67, 136
중국번 89
지식지수 263-264
직선기선 188-189, 259, 261

〈ㅊ〉
『차이니스 레포지터리』 68-70, 72
창씨개명 118
『천주실의』 75
청일전쟁 30-31, 33, 40, 94, 97, 137,
    152, 241, 243, 250
청진 27, 249
초량왜관 55-60, 268
초장집 252, 255-256
출세어(出世魚) 170-173
취안저우 15
치어 171-172
친숙지수 263-264
친일부역 138-139
칭다오 16-17, 31, 96

〈ㅌ〉

동북아 바다, 인문학으로 항해하다